10分で決める！
シンプル企画書の書き方・つくり方

藤木 俊明

同文舘出版

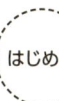

はじめに
「10分で決める企画書」がつくれるようになる

▼▼ 企画書づくりが苦手な人でもOKのメソッドがあった!

「ああ、これから企画書を書かなくちゃいけない。しんどいなぁ……」

夜、会社に戻り、デスクでため息をついている人も多いのではないでしょうか？ このようにため息をつく人には2つのパターンがあるようです。

(1) 企画書のことを考えるのが苦手
・論理的な文章をつくるのが苦手
・図解やグラフなどをつくるのが苦手
・そもそも、あまり企画書をつくったことがない

(2) 企画書をつくるのに時間がかかる
・パソコンの操作が苦手
・分量の多い文章をつくるのが苦手
・最初に手をつけるまでに考え込んでしまい、なかなか進まない

企画書作成セミナーなどで、参加者にお話を聞くと、「企画書を書くこと」がみなさんの気持ちの負担になっているような気がします。

――分厚い企画書をつくらなくてはならない。たくさんの資料を集めなくてはならない。見栄えよくデザインしなくてはならない。論理的に整えなくてはならない。

そんなことを考えると、パソコンのキーを打つのはしんどくなってきます。

でも心配は要りません。この本で「シンプル企画書」の作成を身につけてみませんか。

本書で提唱する「シンプル企画書」とは、「つくる人に負担をかけない」、「読んだ人がすぐ判断できる」企画書のスタイルです。

その形状は、「A4ワンシート（1枚）で提案する」、「3枚企画書で提案する」、「どうしても時間がなければ、A4ワンシート（1枚）に箇条書きで提案する」など、つくる負担も、読む負担も劇的にカイゼンすることを目指します。

▼▼ 5つつぶやけば企画書ができる

「そうは言っても、シンプルなものほどつくるのがむずかしいんじゃないの？」という人もいることでしょう。たしかに、単なる箇条書きでは、速くできても、やはり相手に納得してもらうことはむずかしいでしょう。そこで、本書で推奨したいのが「5つの『つぶやき』で企画書をつくる」というメソッドです。

みなさんは、「ツイッター」をごぞんじでしょうか。自分の「つぶやき」を気軽にネット上に書き込めるサービスです。実は「ツイッター」を書き込むように企画書をつくれるのです。「分厚い企画書をつくらなくちゃ」と負担を感じる必要はありません。本書では、たった5つつぶやくだけで、シンプル企画書ができるようになる方法を述べていきたいと思います。

▼▼ 企画書をつくるスキルはこれから大事になる

「企画書なんて、自分にはあまり関わりがないと思っていたのだけど……」

企画書とは、かつては広告やマスコミ業界などで主に使われていたツールでした。それが、営業などでも使われはじめ、今や、取引先への提案でも、社内での新規事業の提案でも、口頭ではなく文書、つまり企画書で提出することが求められています。あなたがもしサラリーマンから独立して事業をはじめようとする場合、金融機関に融資の申し込みを行うときにも企画書が必要となるし、提携先や外注先を探すときにも、企画書で事業の説明をしなくてはなりません。

企画書とは、わかりやすく提案し、相手に納得してもらうためにつくるもので、今や、業種や職種を問わず、企画書を作成するスキルが求められています。いつも企画書の作成が負担で苦しんでいる人、はじめて企画書を書くことになって、負担に感じている人は、

本書の「シンプル企画書」作成法で心を楽にしていただきたいと思います。本書をじっくり読んでいただければ、いつの間にか、企画書作成の基本が身についているはずです。

▼▼ 企画書を読む人も、実は負担を感じている

ところが、困っているのは企画書をつくるあなただけではなく、あなたの企画書を読むお客様や上司も実は困っているのです。今の時代、提案を受けるほうもたいへんな思いをしているというのが、偽らざる実態なのです。

なぜかと言うと、パソコンとインターネット、つまり電子メールの普及で、ビジネス現場では、以前にも増して文書ファイルがたくさん出回るようになりました。メールを開くと、文書ファイルがどんどんやってきます。大容量のPowerPointの資料が、みなさんにもメールで届いているはずです。

「このファイルに目を通して、明日までに意見をください!」

みなさんもそうせかされることがあるでしょうが、取引先の担当者も、みなさんの上司も、毎日たくさんの文書ファイルに目を通して決裁しなくてはならない立場に置かれています。企画書を読むほうだって、実はたいへんなのです。

しかしよくよく考えてみると、そんなことに負担を感じるのは、何だかおかしいと思いませんか。もっと手短に提案して本質的なことを伝え、提案を受けたほうは即座に判断し

て返答ができる。そんな現場であるべきではないでしょうか。今の状態というのは、お互いがよけいな時間と負担をかけすぎているように見えないでしょうか。
　本書の目指すところは、「シンプル企画書」をつくる技術を身につけてもらうこと、そしてシンプルに提案して、短い時間で決裁してもらう、そんなビジネス環境をつくることです。
　そうすれば、ビジネスのスピードが上がり、より効率的に働けるだけでなく、お互いに早く仕事を終えることができるようになるのではないでしょうか。

◀◀ CONTENTS

はじめに

1章 こんなにカンタンに企画書ができる「5つのつぶやき」

① この5つをつぶやくだけで企画書の骨組みができる！ 12
ツイッターのように気軽につぶやいてみよう／ひとことで「つぶやき」を述べてみよう

② 「5つのつぶやき」の事例①（総務部Kさんの場合） 18
自分が提案したいことをつぶやいてみよう

③ 「5つのつぶやき」の事例②（販促担当Jさんの場合） 22
販売現場でもつぶやこう

④ 「5つのつぶやき」を箇条書きにすればもう企画書に！ 26
「5つのつぶやき」を整理して簡条書きにしてみよう／箇条書きのつくり方を考える

2章 「5つのつぶやき」から「1枚企画書」をつくるメソッド

① 付箋紙で1枚企画書をつくるトレーニングをしよう 32
基本的な企画書の構成を見てみよう／付箋紙を使ってみよう

② 1枚企画書は「モジュール」で作成すること 38
パソコンで作成してみよう／モジュール工法で考える

③ 1枚企画書レイアウトの基本 44
相手に説明することを考えて並べていく／PowerPointでの企画書のつくり方

3章 いろいろなシンプル企画書をつくってみよう

① **用途に応じてシンプル企画書をつくる** 50
いろいろなシンプル企画書をつくる／相手や場面に応じてシンプル企画書を使う

② **なぜ、「10分で決めるシンプル企画書」がよいのか？** 64
企画書を相手に説明するのは実にむずかしい／シンプルに伝えることが大切／スピード感のある提案が必要

③ **何を伝えたいか、がスピード感をもって相手に伝わること** 68
「シンプル企画書」＋アルファという考え方

4章 場面に応じてシンプルな「1枚企画書」をつくろう

① **はじめて会う相手に渡したい1枚企画書のポイント** 72
新規取引先向けの1枚企画書／さらに具体的な、新規取引先向けのA54P1枚企画書／投資家や金融機関向けのシンプル企画書

② **いつものお客様にアプローチする1枚企画書のポイント** 76
取引先にプレゼンの機会をうかがう1枚企画書／自社の商品を訴求するA54P1枚企画書

③ **社内提案に使う1枚企画書のポイント** 81
新しい商品・サービス提案の1枚企画書／新しい事業提案の1枚企画書

④ **PowerPoint以外で1枚企画書をつくる** 86
Excelで1枚企画書をつくる／Wordで1枚企画書をつくる

5章 実戦に強いシンプルな「3枚企画書」をつくろう

① 3枚企画書の構成 92
3つのブロックにモジュールを配置しよう

6章 シンプル企画書「モジュール別」作成のヒント

① 「基礎モジュール」作成のヒント 98
必要事項をきちんと示す／「企画骨子（まえがき）」はこうつくる──その①／「企画骨子（まえがき）」はこうつくる──その②

② 「コンセプトモジュール」作成のヒント 102
「目的」はこうつくる／「コンセプト」はこうつくる

③ 「背景モジュール」作成のヒント 107
資料を探すにはこうする／わかりやすい「背景」のつくり方

④ 「プランモジュール」作成のヒント 112
「実施プラン」はこうつくる／「実施スキーム」はこうつくる

⑤ 「想定メリットモジュール」作成のヒント 119
「想定メリット」はキャッチコピーで／ビフォー＆アフターで見せる／さらに魅力的に示す

⑥ 「クロージングモジュール」作成のヒント 123
「スケジュール」はこうつくる／「予算」はこうつくる

⑦ 「課題」はこうつくる 128
ハードルについて正直に述べる／よく出てくる3つの課題と「打ち手」

⑧ 「おわりに」はこうつくる 132
感謝の気持ちと連絡先の掲示／企画書は相手に渡す手紙と同じ／企画書は提案先の社内をめぐる

⑨ 10枚企画書への展開のヒント 136
1枚企画書や3枚企画書を、ボリュームのある企画書に転用するコツ

7章 企画書をつくる前に何を準備するか

① 企画書をつくるときに必要なツール（道具） 140
ツールとシステムが必要／主なツール（道具）としてのハードウェア／主なツール（道具）としてのソフトウェア

② 企画を産み出すために必要なシステム（仕組み） 145
インプットなくしてアウトプットなし／アナログな保存方法／デジタルを活用した仕組みのつくり方

③ 企画を産み出すために必要なシステム 149
「企画の種」になりそうなインプットの集め方／インプットを「企画の種」から「企画」に育てる

8章 10分で決めるための企画書のメソッド

① 10分で決める戦略 156
なぜ、「10分で決める」ことを目指すのか？／「10分で決める企画書」とは、どんな企画書か？

② 統一感をデザインする技術 161
見た目の統一感が勝負／カラーリング（色の使い方）〜色は3色まで／フォントの種類とサイズ／「図解品質」を考える

③ **テキスト品質を上げる技術（1）ルール決めと要約トレーニング** 165
表記ルールを決めてテキスト品質を高めよう／要約トレーニングでテキスト品質を高めよう／わかりやすい表現方法で伝えよう

④ **テキスト品質を上げる技術（2）テキスト作成力を伸ばす** 170
テキスト作成力をサポートしてくれるツールを活用しよう／「単語短縮登録」でテキスト作成力をアップさせよう／文章に締まりを与える熟語も登録しておく

⑤ **納得させる技術** 175
相手のタイプを考えよう／ひと手間加えよう／読み手の視線を考えよう

⑥ **直感的にアプローチする技術** 181
静止画ムービーをサポートツールに使おう／ビジュアルをサポートツールに活用しよう／表組み・グラフ・図解などにもひと手間加えよう／1枚企画書を見栄えよく印刷しよう

9章 「10分で決める企画書」のプロダクト・システムをもとう

① **循環する企画書作成のシステム** 188
数多くの企画書を作成して、たくさん提案することが大事／会社のデスク以外で企画書をつくってみよう／早朝、企画書を書こう

装丁／本文デザイン・DTP　ジャパンスタイルデザイン（山本加奈・榎本明日香）

1章

こんなにカンタンに企画書ができる「5つのつぶやき」

① この5つをつぶやくだけで企画書の骨組みができる!

▼ ツイッターのように気軽につぶやいてみよう

それでは、さっそく企画書をつくってみましょう。「えっ!? すぐに?」。そうです、身構える必要はありません。

みなさんは「ツイッター」をごぞんじでしょうか?

ツイッターとは、「ツイート=つぶやき」のことで、140字以内で自分の思ったことをつぶやくコミュニケーションツールです。ミニブログとも言われていますが、ブログでは挫折した人でも、ツイッターは続いている人が多いようです。私もやっていますが、少ない文字数で投稿できるため負担にはなりません。

この「ツイート=つぶやき」を応用して、企画書を作成してみましょう。**まず、【提案したいことをひとことで述べると?】をつぶやいてください。ツイッターだと140文字ですが、140文字でも長すぎます。あなたが【提案したいこと】を70字程度でつぶやいて**みましょう。

一例として、私がつぶやいてみます。私は自転車が好きで、自転車通勤をしていました。しかし、自転車で通うには、首都圏の道は危ないし、信号が多すぎて、スムーズに進むことができません。そこで、「高速道路のように、信号のない自転車専用道路があればいいなあ」と考えていました。いっそのこと、政府や東京都に提案できないか？ そこでつぶやいてみます。

▼▼ ひとことで「つぶやき」を述べてみよう

つぶやき（1）【提案したいことをひとことで述べると？】
「首都圏に自転車専用弾丸道路をつくり、自転車通勤を促進すること」

どうでしょうか。これぐらいつぶやくことはできますよね？ 実はこれが、**企画の骨子**にあたるものなのです。「ひとことで言えば、この企画はこういうことです」という部分にあたります。それでは、次に【どうしてそう思うのか、をひとことで述べると？】を、同じように70字程度でつぶやいてみましょう。

つぶやき（2）【どうしてそう思うのか、をひとことで述べると？】
「自転車通勤をしたい人は増えているのに、首都圏の道路は自転車通勤には困難な状態だから」

これは私の意見ですが、実際に体験していることだし、いろいろな人がそう述べています。ここは、「企画の背景」にあたる部分になるのです。それでは、次に【そうしたらどんなメリットがあるのか、をひとことで述べると?】を同じように70字程度でつぶやいてみましょう。

つぶやき(3)【そうしたらどんなメリットがあるのか、をひとことで述べると?】
「自転車通勤は健康にもいいしエコな上、新しい消費の市場を広げる呼び水になり得るから」

この部分は「想定メリット」になります。企画書の中で大事なところです。その企画を実施した場合のメリットがわからなければ、OKの出しようがないからです。

ここまでの3つのつぶやきで、どんなことを言いたいのか、かなりわかるようになっているでしょう。この3つがまとまれば、企画書のベースができたも同然です。コーヒーでも飲んで一休み。それから残りの2つをつぶやきましょう。ここまでの3つは、ぜひ一気につぶやいてみてください。

次の2つは少し役目が違います。それでは、4つ目のつぶやき、【その「提案したいこと」にはどれぐらいの予算がかかるのか、をひとことで述べると?】をつぶやいてみましょう。

つぶやき（4）【その「提案したいこと」にはどれぐらいの予算がかかるのか、をひとことで述べると？】

「現時点では、構想だけで予算規模はわからない。しかし、ロンドンの同種の事業は●●ポンドかかっている。わが国は高速道路の下部に建設してコストを下げられないか●まだ構想が浮かんだ段階なので、予算規模を決めるのは無理です。「だったら、最初からここは要らないんじゃないか？」という意見も出そうです。

しかし、現時点でわからなくても、予算については、必ず一度、提案前に検討すべきです。「全然わからないけれど、こうしたら予算がうまく使えるんじゃないか？」ということを考えることが大切です。私のこの案が、ほんとうに実施可能で予算を削減できるかどうかはわかりません。

しかし、企画書をつくる人間としては、必ず「予算」のことは頭に入れておくべきです。詳細な予算がわからないときは概算を、概算もわからないときには、大枠についてだけでも語るべきです。ここでは、イギリスがロンドンに建設した「自転車スーパーハイウェイ」の予算規模を引き合いに出しています。

また、もうひとつ大事な要素が「スケジュール」です。これは、最後のつぶやきになります。5つ目【その「提案したいこと」はどれぐらいの期日でできるのか、をひとことで述べると？】をつぶやいてみましょう。

つぶやき（5）【その「提案したいこと」はどれぐらいの期日でできるのか、をひとことで述べると?】

「現時点では構想だけでスケジュールはわからない。しかし、ロンドンの同種の事業は●●年かかっている。わが国は高速道路の下部に建設して期日を短縮できないかどうでしょうか。これぐらいなら、何となくできるという感じがしませんか。

それでは、具体的な事例をもう少し見ていきましょう。

提案したいことをひとことで述べると?

首都圏に自転車専用弾丸道路をつくり、自転車通勤を促進すること

どうしてそう思うのか、をひとことで述べると?

自転車通勤をしたい人は増えているのに、首都圏の道路は自転車通勤には困難な状態だから

そうしたらどんなメリットがあるのか、をひとことで述べると?

自転車通勤は健康にもいいしエコな上、新しい消費の市場を広げる呼び水になり得るから

**その「提案したいこと」には
どれぐらい予算がかかるのか、をひとことで述べると?**

現時点では、構想だけで予算規模はわからない。しかし、ロンドンの同種の事業は●●ポンドかかっている。わが国は高速道路の下部に建設してコストを下げられないか

**その「提案したいこと」は
どれぐらいの期日でできるのか、をひとことで述べると?**

現時点では構想だけでスケジュールはわからない。しかし、ロンドンの同種の事業は●●年かかっている。わが国は高速道路の下部に建設して期日を短縮できないか

図00 5つの「つぶやき」で企画書はできる

② 「5つのつぶやき」の事例①（総務部Kさんの場合）

▼▼ 自分が提案したいことをつぶやいてみよう

企画書というと、営業や開発担当者のものであって、事務作業をしているスタッフにはあまり関係がない、と思われるかもしれませんが、そんなことはありません。今、社内のさまざまな案件については、口頭ではなく、文書やパソコンで作成したファイルでやり取りされることがほとんどです。

だからこそ、いろいろな案件についての提案や決裁事項について、すばやく文書ファイルで提出する、つまり企画書を「書く」技術は、以前にも増して大切になってきています。ですから、営業部や企画開発部以外のセクションでも企画書で「提案」することが求められています。そんな例をもとに考えてみましょう。

たとえば、ある大都市郊外にメーカーがあるとします。そのメーカーの1階には、受付があり応接スペースがあります。しかし、何となく殺風景だし、そのスペースが無駄に使われているようです。

そんなある日、総務部のKさんは、社長が「もっと、地元の人との交流を深めて、地域に愛される会社にしないとダメだ」と言っているのを思い出しました。そういったことがCSR（企業の社会的責任）活動といって、企業のはたすべき社会への役割、ということに結びつきそうだ、ということもわかってきました。

「このスペースを、もっと有効活用できないものか？」

そう考えたKさんは、頼まれてもいないのに、会社の1階ロビーのリニューアルを提案しようと思い立ちました。しかし、まとまった予算は当然出してもらえそうにありません。少ない予算で、どうやって1階のロビーをリニューアルして、地元の人たちとの交流が図れるのか。Kさんはふとしたことで、地元に画家や彫刻家など、若いアーティストが住んでいることを知りました。そこで、次のようにつぶやいたのです。

つぶやき（1）【提案したいことをひとことで述べると？】
「1階ロビーを、地元アーティストの作品を月替わりで展示するスペースとして有効活用する」

これが、先ほども述べたように「企画の骨子」です。非常にわかりやすいですね。ここは具体的であればあるほど、上司（会社）としては決裁がしやすいはずです。私がKさんの上司なら、「うん！　いいじゃない」とまず答えてしまうでしょう。しかし、「で、どう

してそう思うの?」と聞くでしょうね。

つぶやき(2)【どうしてそう思うのか、をひとことで述べると?】
「若いアーティストは発表の場を求めているので協力を得やすいし、ロビーに展示するとイメージがよくなり、お客様との会話のきっかけにもなるから」

殺風景なロビーに、アーティストの作品があれば雰囲気がよくなり、それが地元の若い芸術家の作品であるということで、会社に来られたお客様との話のネタになります。そう思ったから提案した、ということです。「なるほど、高いお金を出すのではなく、地元のアーティストというところがいいなあ」と、上司は思うでしょうが、「それは、うちの会社にどんなメリットがあるの?」とさらに聞くはずです。

つぶやき(3)【そうしたらどんなメリットがあるのか、をひとことで述べると?】
「地元との交流が促進されて、企業イメージがアップするから。採用や取引先の開拓にプラスになると思われるから」

地元にも取引先にも、「そうか、この会社は地元を大切に思っているんだな」というメッセージを発信することができます。そうすれば、地元の人を採用するのにも、取引を広げるのにもプラスになりそうです。私が上司なら、これで決裁してもいいかなと思うぐら

いです。でも、さらに聞かなくてはなりません。「いいねぇ。でも、予算はけっこうかかるのかな?」。

つぶやき(4)【その「提案したいこと」にはどれぐらい予算がかかるのか、をひとことで述べると?】

「多少飾り棚などを整備したいので数万円ぐらい必要です。あとは、自分たちがホームページで呼びかけますが、**自分たちの人件費がかかります**」

Kさんのいいところは、自分たちでやるから会社にはよけいな負担をかけないと言っているところと、それだけではなく、その分も実は人件費としてコストがかかっているということを把握して伝えているところです。そこまでコストパフォーマンスを計算して提案しているということであれば評価は高いでしょう。

つぶやき(5)【その「提案したいこと」はどれぐらいの期日でできるのか、をひとことで述べると?】

「**決裁が下りたらすぐにとりかかり、2ヶ月ほどで実施できます**」

私が上司なら、文句なく決裁するでしょう。Kさんの「5つのつぶやき」は、上司が聞きたいことをほとんど網羅して答えています。これが、企画書・提案書のひとつのスタイルなのです。

③ 「5つのつぶやき」の事例②（販促担当Jさんの場合）

▼▼ 販売現場でもつぶやこう

Jさんは、百貨店などの流通現場で販売促進を担当しています。「私なんか、ものを売るだけですから、企画書なんて関係ないでしょう？」とJさんは言うのですが、もうすぐ売場の改装が近づいているとしたら、Jさんにも企画書は大いに関係してきます。どんな売場づくりをして、お客様にもっとものを買ってもらえるようにするか。それには文書、つまり企画書で会社に提案しなければなりません。

Jさんは、昨今のランニングブームを見て、働く女性がもっと日常的にスポーツをする機会が増え、スポーツもおしゃれに楽しみたいという欲求が高まっているのではないかと考えていました。そこで、通勤やスポーツに使うために「自転車通勤ファッション」を提案する売場を全面的に展開したいと考えました。

しかし、上司にそれを提案したところ、「口頭ではなく、企画書で出してくれ」と言われてしまいました。ここでも、「5つのつぶやき」で企画書をつくってみましょう。

つぶやき（1）【提案したいことをひとことで述べると？】

「女性専用の自転車ファッション売場をつくる」

まず、Jさんがつぶやいたひとこと。これが先ほども述べたように「企画の骨子」です。わかりやすいですね。しかし、私がJさんの上司なら、即オーケーは出さないでしょう。必ず、「で、どうしてそう思うの？」と聞くでしょう。

Jさんが考えていることそのものズバリです。わかりやすいですね。しかし、私がJさんの上司なら、即オーケーは出さないでしょう。必ず、「で、どうしてそう思うの？」と聞くでしょう。

これは即売上と関係してしまう案件だからです。前述したロビーのリニューアルの例と違い、

つぶやき（2）【どうしてそう思うのか、をひとことで述べると？】

「現在のランニングブームの次に自転車ブームが来るので、自転車通勤に向いたファッションがこれから求められるはず」

「背景」の説明をしています。実際は、「どうしてランニングブームと言えるのか？」とか、「なぜ、自転車ブームが来ると言えるのか？」などの裏づけ資料が必要となりますが、この時点で上司に伝えるという目的においては、これぐらいで伝わるのではないでしょうか。

つぶやき(3)【そうしたらどんなメリットがあるのか、をひとことで述べると?】

「ファッションだけでなく、自転車小物や輸入自転車などで販売の間口が広がり、売上が伸びる」

ここでは「どんなメリットがあるか?」を述べますが、そもそも企業の目的といえば、「売上を上げる」ということに集約されます。ほとんどの場合において、「売上が上がる」ということを書いて間違いはありません。

逆に、どんなにすばらしい企画でも、売上に結びつかないものは、なかなか決裁されることはありません。

また、この企画を進めることによって周辺の商品も売れるし、今まで扱いのなかった商品についても、取り扱いもはじめることによって売上が伸びると表現されています。もう、Jさんの頭の中にはさまざまな商品が浮かんでいることでしょう。それらは、また聞かれればカタログやホームページなどを見せればいいでしょう。このように説明されると、「なるほど。だいたいのイメージはわかった。予算はどれぐらいかかると思う?」と、ほとんどの上司は聞いてくるはずです。

つぶやき(4)【その「提案したいこと」にはどれぐらい予算がかかるのか、をひとことで述べると?】

1章 こんなにカンタンに企画書ができる「5つのつぶやき」

「什器の開発、ポップなどの整備で、200～300万円かかると思われます」

上司の答え。「高いな。150万円ぐらいで交渉してくれないか。それで、その詳しい見積りを出してくれ」。予算は削られてしまいましたが、企画は通ったも同然です。「いくらぐらいなら出せる」と言われたことは、オーケーも同然なのです。私が上司なら、「それで、改装には間に合うのか?」と聞くでしょう。

つぶやき(5) その「提案したいこと」はどれぐらいの期日でできるのか、をひとことで述べると?

「決裁いただいたらすぐにとりかかり、新装開店フェアに間に合わせます」

これはスケジュールがもう決まっているので、それに間に合うかどうかが最大のポイントです。Jさんの企画は上司の聞きたいことを網羅しており、決裁を下してもらうことができました。「企画書」というとどうしても大仰な感じがしますが、こうして「5つのつぶやき」を順番に並べれば、相手に提案して決裁を下してもらうことができます。だから、「5つのつぶやき」を順番に並べれば、相手に提案して決裁を下してもらうことができます。だから、「5つのつぶやき」を順番に並べれば、相手に提案して決裁を下してもらうことができます。だから、企画案が通らないのは、この「5つのつぶやき」のうちの、どれかが欠けているからです。

これで、「5つのつぶやき」についてはおわかりいただけたと思いますので、それを、もう少し企画書らしくしてみましょう。

④ 「5つのつぶやき」を箇条書きにすればもう企画書に！

▶▶ 「5つのつぶやき」を整理してみよう

それでは、「5つのつぶやき」をどのような形で文章にするか、まず書き出して並べてみましょう。Kさんの事例から見ていきましょう。

（1）1階ロビーを、地元のアーティストの作品を月替わりで展示するスペースとして有効活用する

（2）若いアーティストは発表の場を求めているので協力を得やすいし、ロビーに展示するとイメージがよくなり、お客様との会話のきっかけにもなる

（3）地元との交流が促進されて企業イメージがアップする。採用や取引先開拓にプラスになる

（4）多少飾り棚などを整備したいので数万円ぐらい必要。あとは自分たちがホームページで呼びかけるが、自分たちの人件費がかかる

（5）決裁が下りたらすぐにとりかかり、2ヶ月ほどで実施できる

話し言葉としては、これで企画の説明ができています。これをビジネス文書に直すことが、「企画書化」することと言えます。つまり、箇条書きに直すことです。

ビジネス文書における箇条書きとは、「事項ごとに短文に分類して整理すること」です。つまり、数多く挙げられた事項を、グループごとに分類して、重複がないように、短文（できるだけ体言止め）で表現したものです。この分類→短文の過程というのはけっこうむずかしく、企画書を作成する過程とよく似ています。

つまり、箇条書きがきちんとつくれる人は、企画書をつくるのも上手なはずです。今回の「5つのつぶやき」は、すでに分類されて整理されています。これを、分類項目ごとにタイトルをつけて整理してみます。

（1）提案骨子
・本社1階ロビーを地元アーティストの作品展示スペースとして有効活用

（2）提案背景
・現在のロビーは殺風景
・地元の若いアーティストの作品展示場所が少ない

（3）実施メリット
・地元との交流促進
・企業のイメージアップに貢献

- 採用活動や取引先開拓にプラス
- （4）予算
- 実費数万円程度
- 総務担当スタッフの人件費
- （5）スケジュール
- 決裁後2ヶ月程度

いかがでしょうか？　ずいぶん企画書らしくなったと思いませんか。

▼▼ 箇条書きのつくり方を考える

ここで、箇条書きのつくり方について補足しておきます。絶対にこうでなくてはならないというルールはありませんが、私は重要なポイントとして、次のように考えています。

- 項目数は7を超えないようにする
- なるべく一文で表現する
- 順序が明らかな場合は数字をつける
- 通常の文書の場合は2文字分をインデントする（※）
- （※）文頭を2文字分下げるということです。

(『図解のルールブック』高橋伸治著／日本能率協会マネジメントセンター／1995年より)

私はこのルールを自分なりの指針としていますが、どうしても項目が7を超えてしまうことがあります。しかし、そこは努力目標でいいと考えています。この「箇条書きがきちんとつくれるようになる」というのは、ビジネス文書づくりではとても大事なことで、そればさえできれば、企画書はほぼできたも同然なので、なるべく書き慣れるように練習するといいでしょう。

具体的には、日報や報告書などのルーチンワークでの文書作成や、ニュース記事を箇条書きにまとめるなどのトレーニングによって、どんどんうまくなっていくはずです。

2章
「5つのつぶやき」から「1枚企画書」をつくるメソッド

① 付箋紙で1枚企画書をつくるトレーニングをしよう

▼▼ 基本的な企画書の構成を見てみよう

前項のように「5つのつぶやき」を「箇条書き」にすると、何となく企画書らしくなります。社内で手早く提案するなら、前項までにつくった「5つのつぶやき」の箇条書きでいいでしょう。とくに、社内の上司に説明するなどというときはこれで十分でしょう。

しかし、もう少し丁寧に説明しなくてはならないとき、あるいは具体的に実施内容を説明したいときには、この「5つのつぶやき」の箇条書きに、いくつかの要素を足していくことになります。ここで、私が考える、一般的な企画書の構成を見てください。

私は、よく使われる企画書スタイルは10ページぐらいの構成と考えています。この枚数の企画書の基本構成の中の重要な部分を、あなたは前項までに、もうつくってしまったことになるのです。

つぶやき（1）【提案したいことをひとことで述べると？】
→ここが「⑤提案コンセプト」にあたります。

2章 「5つのつぶやき」から「1枚企画書」をつくるメソッド

```
①表紙
  ↓
  ├──────┬──────┐
  ↓      ↓      ↓
②まえがき → ③背景 → ④目的
  ↑              ↓      ↓
  │連動          ↓      ↓
  ↓      ⑤提案コンセプト
  ↑              ↓
  │              ↓
  │連動   ⑥具体的方策 → ⑦要件(or体制)
  │              ↓        ↓
  ↓       ⑧想定効果(相手のメリット)
                 ↓
         ⑨スケジュール → ⑩予算
                 ↓         ↓
              課 題 ---> おわりに
                         連絡先
```

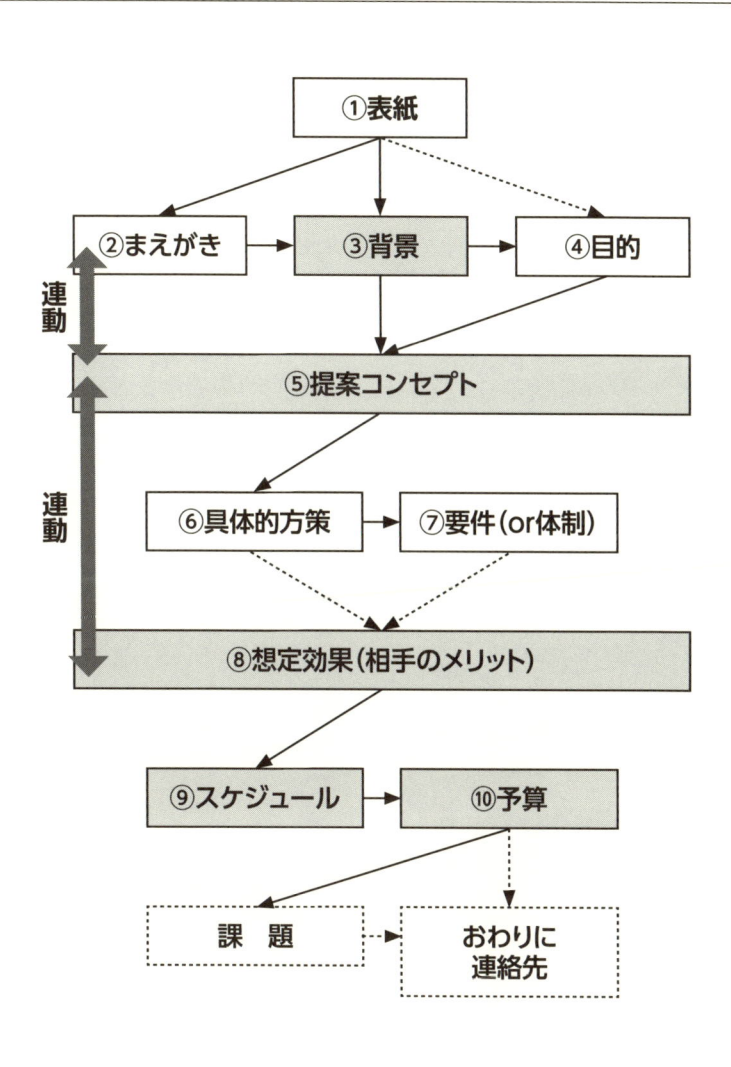

図01 一般的な企画書の構成

つぶやき（2）【どうしてそう思うのか、をひとことで述べると？】
→ここが「③背景」にあたります。
つぶやき（3）【そうしたらどんなメリットがあるのか、をひとことで述べると？】
→ここが「⑧想定効果（相手のメリット）」にあたります。
つぶやき（4）【その「提案したいこと」にはどれぐらい予算がかかるのか、をひとことで述べると？】
→ここが「⑩予算」にあたります。
つぶやき（5）【その「提案したいこと」はどれぐらいの期日でできるのか、をひとことで述べると？】
→ここが「⑨スケジュール」にあたります。

ここまで、「5つのつぶやき」の事例を紹介して箇条書きにしてきました。それは、実は基本的な企画書の「中核部分」をつくったことに等しいのです。この「中核部分」に、相手にさらに伝わりやすいように、そしてプレゼンに通りやすいように、いくつかの要素を加えていくと、いっそうわかりやすい企画書となっていきます。

▼付箋紙を使ってみよう

それでは、「付箋紙（少し大きめのもの）」と「A4サイズの紙」を用意して、「付箋紙」

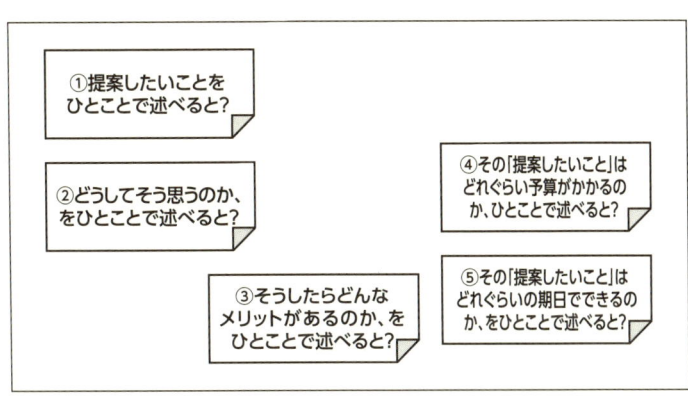

```
┌─────────────────────────────────────────────────────────┐
│  ┌──────────────────┐                                   │
│  │①提案したいことを │                                   │
│  │ひとことで述べると?│                                   │
│  └──────────────────┘                                   │
│                       ┌──────────────────────┐          │
│                       │④その「提案したいこと」は│        │
│  ┌──────────────────┐ │どれぐらい予算がかかるの│        │
│  │②どうしてそう思うのか、│ │か、ひとことで述べると?│       │
│  │をひとことで述べると?│ └──────────────────────┘        │
│  └──────────────────┘                                   │
│                       ┌──────────────────────┐          │
│           ┌──────────┐│⑤その「提案したいこと」は│        │
│           │③そうしたらどんな││どれぐらいの期日でできるの│    │
│           │メリットがあるのか、││か、をひとことで述べると?│    │
│           │をひとことで述べると?│└──────────────────────┘│
│           └──────────┘                                  │
└─────────────────────────────────────────────────────────┘
```

図02 5枚の付箋紙をA4の紙に貼りつける

で1枚企画書をつくるトレーニングをやってみましょう。

まずは、何か企画をつくることを考えて「5つのつぶやき」をつくってみましょう。その「5つのつぶやき」を、ひとつずつ付箋紙に書いていってください。

5枚の付箋紙ができます。これらを、A4の紙に貼りつけていきます。A4の紙は縦向きでも横向きでもいいのですが、ここでは横向きにしてみました。

そうすると、たとえばこんなふうになります。

これが1枚企画書の原点だと思ってください。この付箋紙を貼りつけた紙には「5つのつぶやき」、つまり企画書の骨子が表現されています。次に、要素を追加していきましょう。

まず、付箋紙に「タイトル」を入れましょう。この企画にふさわしいタイトルを書いてみてく

```
┌─────────────────────────────────────────────────────────────┐
│  ┌──────────────┐                        ┌──────────────┐   │
│  │  タイトル     │                        │  日付・氏名   │   │
│  └──────────────┘                        └──────────────┘   │
│                                                              │
│  ┌──────────────┐  ┌──────────────┐                         │
│  │①提案したいことを│  │ 具体的な方策  │                         │
│  │ひとことで述べると│  └──────────────┘                         │
│  └──────────────┘                        ┌──────────────┐   │
│                                          │④実際にいくらぐらい│   │
│                                          │かかるのか、ひとこと│   │
│  ┌──────────────┐  ┌──────────────┐     │で述べると     │   │
│  │②どうしてそう思うのか、│ │③相手にはどのような│     └──────────────┘   │
│  │ひとことで述べると│  │メリットがあるのか、│    ┌──────────────┐   │
│  └──────────────┘  │ひとことで述べると│     │⑤いつ実施できるのか、│   │
│                    └──────────────┘     │ひとことで述べると│   │
│                                          └──────────────┘   │
└─────────────────────────────────────────────────────────────┘
```

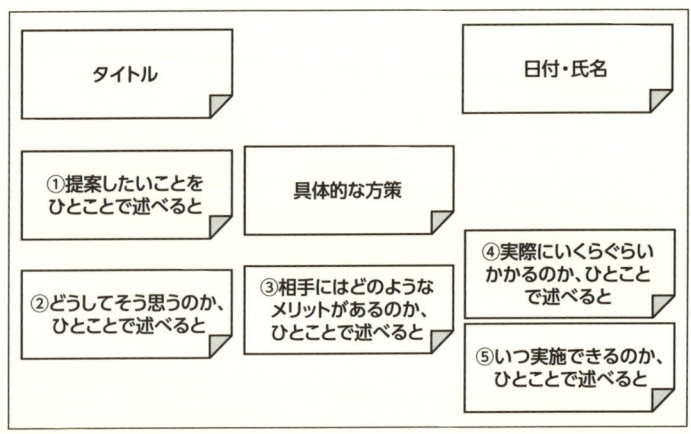

図03 5枚の付箋紙を並べ直す

ださい。

タイトルを書いたら、次の付箋紙に「日付・あなたの氏名」を一緒に書き入れます。さらにもう1枚の付箋紙を使って、「具体的な方策」を書き込んでください。「具体的な方策」というのは、たとえば「こんなイベントを行います」とか、「こんな販促物をつくってみたい」とか、企画が具体的な形で表されるもののことです。

ここは、あれこれ考え出すと時間のかかる部分です。今の時点では、あまり深く考え込まず、思いつくまま自由に書き込んでいいでしょう。

一連の作業がすべて終わったら、図03のように貼りつけて、並べ直してください。

このようなスタイルを頭に入れてください。

これが、1枚企画書の原型スタイルと思っていただければいいでしょう。ここまでのことを、簡単に整理してみましょう。

- **提案したいことを「5つのつぶやき」にしてみる**
- **「5つのつぶやき」を、ひとつずつ付箋紙に書き出す**
- **A4の紙に付箋紙を並べていって整える**

これに慣れたら、次はパソコン上で同じことを行ってみましょう。

2 1枚企画書は「モジュール」で作成すること

▼▼パソコンで作成してみよう

それでは、いよいよ1枚企画書をパソコン上で作成してみましょう。Windowsを使っている人の大半は、マイクロソフト社のPowerPointで企画書を作成しています。PowerPointは、もちろん企画書づくりに特化したソフトですが、Excelも1枚企画書をつくるのに適したソフトです。企画書づくりのトレーニングにはどちらのソフトを使ってもけっこうです。それでは、付箋紙のときと同じように「5つのつぶやき」をつくってみましょう。

つぶやき(1)【提案したいことをひとことで述べると？】
つぶやき(2)【どうしてそう思うのか、をひとことで述べると？】
つぶやき(3)【そうしたらどんなメリットがあるのか、をひとことで述べると？】
つぶやき(4)【その「提案したいこと」にはどれぐらい予算がかかるのか、をひとことで述べると？】

2章 「5つのつぶやき」から「1枚企画書」をつくるメソッド

①提案したいことをひとことで述べると	
②どうしてそう思うのか、ひとことで述べると	

| ③どういうメリットがあるのか、ひとことで述べると | ④いくらぐらいかかるか
⑤いつごろできるか |

図04 付箋紙でやったことをパソコンでやってみる

つぶやき（5）【その「提案したいこと」はどれぐらいの期日でできるのか、をひとことで述べると？】

トレーニングなので、深く考え込む必要はありません。「こうかな？」という感じで作成すればいいのですが、今回は付箋紙ではなく、図04のようなものをつくってください。

付箋紙と少し並べ方が変わりました。アミがかかっているところが「5つのつぶやき」にあたるところです。ただし、④いくらぐらいかかるか（予算）、⑤いつごろできるか（スケジュール）をひとまとめにしています。もちろん、置き方や大きさは自由だし、あとで並べ替えてもけっこうです。しかし、いったんは、これを基本のスタイルとして認識してください。

▼ モジュール工法で考える

私は、付箋紙にあたる1個1個のブロックのような枠を「モジュール」と呼んでいます。あらかじめ、部品などをモジュールとして作っておき、現場で一気に組み立てていくようなやり方のことですが、1枚企画書は「**モジュール工法**」なのです。ですから、1枚企画書を作成するというのは、このような「モジュール」を並べていくようなものと考えてみてください。それを、みなさんは先ほど付箋紙で体験して、今パソコンで体験しているのです。

それでは、このアミがかかっていないモジュールには何が入るのでしょうか。そこで次に、全体像を見ていただきます。

「5つのつぶやき」の部分が大切な企画書の骨子です。そこに、「タイトル」や「提案者の名前・日付」などのモジュールを加えます。私はこれらをまとめて、『**基礎モジュール**』と呼んでいます。企画書の中で大切な部分ではありませんが、これがないと、何のためにつくられた企画書なのかがわかりません。だから『**基礎モジュール**』なのです。そして、新たに追加した「具体的プラン」。これは企画の内容を詳しく説明するもので、『**プランモジュール**』とします。

「5つのつぶやき」にあたる部分も説明しましょう。

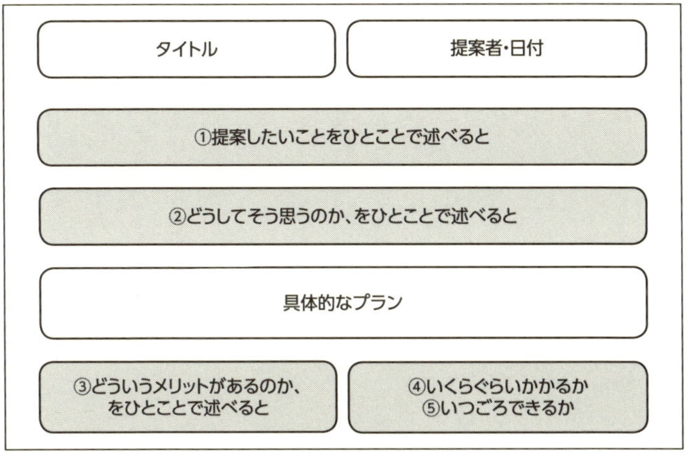

2章 「5つのつぶやき」から「1枚企画書」をつくるメソッド

```
┌─────────────────────────────────────────────────┐
│  ┌──────────────┐        ┌──────────────┐       │
│  │   タイトル     │        │  提案者・日付  │       │
│  └──────────────┘        └──────────────┘       │
│                                                 │
│  ┌──────────────────────────────────────┐       │
│  │ ①提案したいことをひとことで述べると       │       │
│  └──────────────────────────────────────┘       │
│                                                 │
│  ┌──────────────────────────────────────┐       │
│  │ ②どうしてそう思うのか、をひとことで述べると │       │
│  └──────────────────────────────────────┘       │
│                                                 │
│  ┌──────────────────────────────────────┐       │
│  │           具体的なプラン                │       │
│  └──────────────────────────────────────┘       │
│                                                 │
│  ┌──────────────────┐  ┌──────────────────┐    │
│  │ ③どういうメリットがあるのか、│ │ ④いくらぐらいかかるか │    │
│  │   をひとことで述べると    │  │ ⑤いつごろできるか    │    │
│  └──────────────────┘  └──────────────────┘    │
└─────────────────────────────────────────────────┘
```

図05 図04の空白を埋めると全体像が完成する

①の「提案したいことをひとことで述べると」の部分は**『コンセプトモジュール』**。

②の「どうしてそう思うのか、をひとことで述べると」の部分は**『背景モジュール』**。

③の「どういうメリットがあるのか、をひとことで述べると」は**『想定メリットモジュール』**。

そして、④「いくらぐらいかかるのか」、⑤「いつごろできるのか」は、まとめて**『クロージングモジュール』**と位置づけます。

1枚企画書、そしてシンプル企画書は、これらのモジュールを組み合わせてつくる「モジュール工法」だと覚えてください。

1枚企画書を作成するときは、この「付箋紙」の作業を思い出して、モジュールを作成し並べていくことだと考えてください。そしてそのモジュールは、

（1）基礎モジュール
（2）コンセプトモジュール
（3）背景モジュール
（4）（具体的な）プランモジュール
（5）想定メリットモジュール
（6）クロージングモジュール

の6つで構成され、それぞれのモジュールを1枚のシートの中に並べていくことが、企画書を作成することなのです。

この要領にしたがって、前述の総務部のKさんの「5つのつぶやき」を1枚企画書にしてみましょう。どうでしょう？　1枚企画書らしくなっていると思いませんか。

2章 「5つのつぶやき」から「1枚企画書」をつくるメソッド

```
┌─────────────────────────────────────────────────────┐
│ 基礎モジュール                                      │
│  ┌──────────────────┐  ┌──────────────────┐         │
│  │     タイトル     │  │   提案者・日付   │         │
│  └──────────────────┘  └──────────────────┘         │
│                                                     │
│ コンセプトモジュール                                │
│  ┌───────────────────────────────────────┐          │
│  │ ①提案したいことをひとことで述べると   │          │
│  └───────────────────────────────────────┘          │
│                                                     │
│ 背景モジュール                                      │
│  ┌───────────────────────────────────────┐          │
│  │ ②どうしてそう思うのか、をひとことで述べると │      │
│  └───────────────────────────────────────┘          │
│                                                     │
│ プランモジュール                                    │
│  ┌───────────────────────────────────────┐          │
│  │           具体的なプラン              │          │
│  └───────────────────────────────────────┘          │
│                                                     │
│ 想定メリットモジュール      クロージングモジュール  │
│  ┌──────────────────┐  ┌──────────────────┐         │
│  │ ③どういうメリットが │ │ ④いくらぐらいかかるか │    │
│  │ あるのか、をひとこと│ │ ⑤いつごろできるか   │     │
│  │ で述べると        │ │                    │         │
│  └──────────────────┘  └──────────────────┘         │
└─────────────────────────────────────────────────────┘
```

図06 「モジュール工法」ででき上がるシンプル企画書

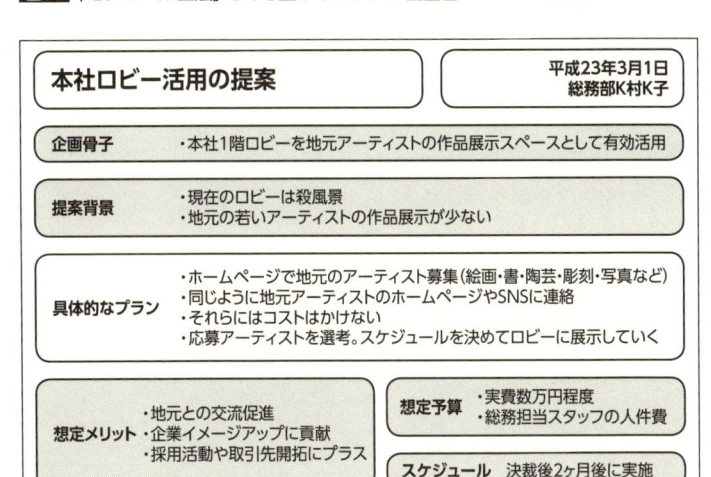

```
┌─────────────────────────────────────────────────────┐
│ 本社ロビー活用の提案              平成23年3月1日    │
│                                   総務部K村K子      │
│                                                     │
│ 企画骨子  ・本社1階ロビーを地元アーティストの作品   │
│            展示スペースとして有効活用               │
│                                                     │
│ 提案背景  ・現在のロビーは殺風景                    │
│            ・地元の若いアーティストの作品展示が少ない│
│                                                     │
│ 具体的なプラン                                      │
│   ・ホームページで地元のアーティスト募集            │
│    （絵画・書・陶芸・彫刻・写真など）              │
│   ・同じように地元アーティストのホームページやSNSに連絡│
│   ・それらにはコストはかけない                      │
│   ・応募アーティストを選考。スケジュールを決めて    │
│    ロビーに展示していく                            │
│                                                     │
│ 想定メリット              想定予算                  │
│ ・地元との交流促進        ・実費数万円程度          │
│ ・企業イメージアップに貢献 ・総務担当スタッフの人件費│
│ ・採用活動や取引先開拓にプラス                      │
│                           スケジュール 決裁後2ヶ月後に実施│
└─────────────────────────────────────────────────────┘
```

図07 総務部のKさんの1枚企画書

③ 1枚企画書レイアウトの基本

▼相手に説明することを考えて並べていく

さて、モジュールを付箋紙のようにシートの上に並べていく、というお話をしましたが、この並べ方に関しては、ここまでは付箋紙のときと同じように自由に並べてもらっていました。

しかし、原理・原則に則ると、基本的に「こうしたほうがいい」という並べ方があります。その原理・原則とは、**『相手に説明する順番に並べていく』『相手の読む視線に合わせて並べていく』**ということになります。

なかでも、『基礎モジュール』についてはほとんど位置が決まっています。一番上です。

また、人の読む視線というのは、横書きの文書であれば、「Z」の書き順どおりに進みます。

つまり、「左上」からはじまって、最後は「右下」に着地します。ですから、『基礎モジュール』は一番上に置くとして、最初に人が目にするところには『コンセプトモジュール』か『背景モジュール』を置きます。

最初に「こんな企画です」と述べてしまうわけです。続いて、「そう考えたわけはこういうことだからです」と背景を述べます。この順番は逆でもいいでしょう。その場合は、「このような背景があります」。それをもとに「こんな企画を考えました」という流れになります。そうして『プランモジュール』は、少し大きめに枠を作成して、「具体的にはこういう企画を考えています」という内容を書き込んでいきます。文字だけではなく、図解などを入れてみてもいいでしょう。

それから、この企画がどのようなメリットをもたらすのかという『想定メリットモジュール』をつくります。これは下部でもいいでしょう。そして、右下部分には『クロージングモジュール』を置きます。つまり、予算とスケジュールです。順番を考えると、これは最後がいいでしょう。

クロージングとは、提案の最後に、相手に決裁を迫ることです。「予算はこうで、スケジュールはこうです。で、いかがでしょうか?」。このクロージングを行わないと、提案にならないわけです。そのために、予算とスケジュールは、ラフでもいいから書く必要があるのです。それは、予算とスケジュールがわからないと、どんなすばらしい企画でも決裁ができないからです。「いくらかかるかわからない」「いつになったらできるかわからない」企画に決裁の判子を押すことはまず(いや絶対に)あり得ないでしょう。

それでは、先に紹介した「自転車ファッション売場」の「5つのつぶやき」をもとにし

て、それを1枚企画書にしてみましょう。ただし、少し手を加えてみます(次ページ参照)。どうでしょう? 1枚企画書としてだいぶクオリティ感が出てきたと思いませんか。もとはあの「5つのつぶやき」なのです。ここでは、「提案の背景」に「ターゲットの特性」を加えています。

ここまでは、「5つのつぶやき」から1枚企画書にするまでの過程を説明してきました。ここまで理解していただければ、シンプル企画書の基本はマスターしたも同然です。

▼▼PowerPointでの企画書のつくり方

ここまでの説明は、みなさんがパソコンソフトの使い方を理解していることを前提に行ってきましたが、念のため、PowerPointで企画書を作成するときの手順を付け加えておきましょう。PowerPointが一番使いやすいと思います。

まずPowerPointを立ち上げて、「新しいプレゼンテーション」を開きます。そうすると、1枚の空白の「スライド」と呼ばれる画面が出てきます。真ん中にあるタイトルの枠はとくに使わないので消してしまいましょう。そして、空白のところに、「図形」の長方形を適当に配置して、その中に文字(5つのつぶやき)を入れていけばいいのです。長方形の中に文字を入れるときは、長方形を右クリックして「テキストの編集」を選んでから文字を打ちはじめると、図形の中に文字がきちんと収まっていきます。図形の中に入

2章 「5つのつぶやき」から「1枚企画書」をつくるメソッド

タイトル	売場改装プラン	実施者	販促チーム全員
日付	2010年7月20日	実施場所	ファッション売場
氏名	J田Jメ子		

提案の背景
エコや健康をテーマに自転車通勤がブームで、女性も増えている
現在のランニングブームの次に来るのは自転車市場で、女性市場には注目すべきだと考える

●提案概要
女性専用自転車ファッション売場をつくる

	ターゲット	OL
	ターゲットの属性	20〜40歳代 健康に関心 ダイエットに関心
	ターゲットの特性	お洒落・見た目のかわいさを重視

●具体的実施内容

エコ
健康
ストレスフリー

自転車生活！
自転車通勤！

でも、おしゃれに楽しみたいよね？

自転車ファッション
自転車ファッション雑貨
輸入自転車
かんたんメンテナンス
おしゃれに自転車を楽しみたい人、すべてが揃っています！

●実施メリット・想定メリット
自転車小物や自転車そのものなど、周辺の商品を販売する機会が増える。マスコミに情報発信することができる

スケジュール	決裁後すぐとりかかり、春の新装開店フェアに間に合わせる
予算概要	200〜300万円と概算。詳細見積りはこれから

図08 「自転車ファッション売場」の1枚企画書

れる文字が長くなってはみ出そうなときは、同じく右クリックして、「図形の書式設定」→「テキストボックス」を選び、「図形内でテキストを折り返す」にチェックを入れましょう。

そうすると、文字が自動的に折り返してくれます。あとは、この図形（長方形）をコピペして使い回せばいいのです。

3章

いろいろなシンプル企画書をつくってみよう

① 用途に応じてシンプル企画書をつくる

▼▼ いろいろなシンプル企画書

ここまで「5つのつぶやき」から、付箋紙を利用して1枚企画書の基礎をマスターし、さらにパソコン上で1枚企画書を作成する、ということを説明してきました。シンプル企画書には1枚企画書の他に、もう少し枚数を増やしたものなど、いくつかのパターンがあります。

次に、筆者が使う「シンプル企画書」のパターンを紹介しましょう。文章でいろいろ書くより、図で見たほうが早いかもしれません。

① A3サイズ
a. ヨコ1枚企画書（52～53ページ参照）

大手自動車メーカーなどが採用しているスタイルと言われています。社内・社外を問わず、この1枚フォーマットで提案をやり取りするとのことで、どんなに長い企画書も1枚にまとめることが求められます。

②A4サイズ

a・タテ1枚企画書(54ページ参照)

アプローチからプレゼンまで、対外用のシンプルなフォーマットとして使い勝手がよく効果も高い「シンプル企画書」のスタイルです。

b・ヨコ1枚企画書(55ページ参照)

A3サイズヨコ1枚企画書と見た目は同じですが、フォントが小さくなります。商品開発やサービス開発をコンパクトに提案するのに向いた「シンプル企画書」のスタイルです。

c・A5 4P 1枚企画書(56～57ページ参照)

これは図で見てもらったほうが早いかもしれません。1枚企画書に違いないのですが、A4ワンシート裏表に、A5サイズの企画書を4ページ分作成するものです。そして、最後に真ん中を折って、小冊子スタイルにするのです。アプローチやセールスシート（営業内容を簡単にまとめた説明資料）に使うのには最適です。

d・3枚企画書(59～61ページ参照)

これも聞き慣れないものです。なぜなら、私が好んで使っているもので、一般的に知られていないものだからです。1枚企画書は、すぐれた「シンプル企画書」ですが、やはりそれだけで企画内容をすべて表現することができない、見積もりなども一緒に提示したいというときに、「3枚にまとめて」提案する企画書スタイルです。

本企画の考え方

メインターゲットは「若いファミリー層」ではなく、「シニア」「団塊」層に!

T市駅2km商圏内の人口推移をみると、3年後はシニアが消費者層の中核

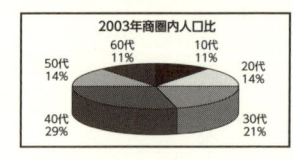

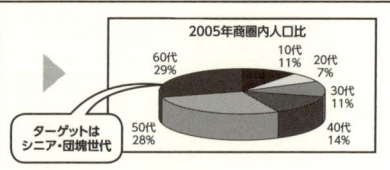

2003年商圏内人口比
- 10代 11%
- 20代 14%
- 30代 21%
- 40代 29%
- 50代 14%
- 60代 11%

2005年商圏内人口比
- 10代 11%
- 20代 7%
- 30代 11%
- 40代 14%
- 50代 28%
- 60代 29%

ターゲットはシニア・団塊世代

展開コンセプト

- シニア・団塊層が心惹かれる「南仏」をコンセプトに、まちづくりを行います
- T市が姉妹都市としているフランスA市と提携
- 「電車で行けるプロヴァンス」をキャッチフレーズにビルを新装
- 商店街も連動して「プロヴァンス」にちなんだ商品やサービスを展開
- 南仏フェスティバルを年2回開催

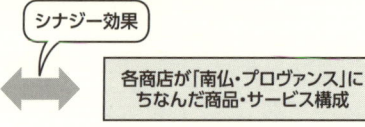

新THE Terminal
- 特選フランスワイン売り場
- プロヴァンスの風(文化音楽ホール)
- 仏ブランド「カウチ」直営アウトレット
- フランス雑貨街
- 南仏グルメストリート

⇔ シナジー効果

旧道商店街
各商店が「南仏・プロヴァンス」にちなんだ商品・サービス構成

想定効果/コスト/ラフスケジュール

THE Terminal単体
- テナント売上〇%アップ(予測)
- テナント稼働率〇%アップ(予測)

商店街全体
- 商店街への人出〇%アップ(予測)
- 商店街全体の売上〇%アップ(予測)

税収など
- 隣のA市・B市からの買い物客増加
- 首都圏からの観光客増加

本プロジェクトに必要なコストは総額〇〇億円と試算いたします。

本プロジェクトによる駅ビルグランドオープン予定は2012年4月です。

調査実費50万円にて、本計画の実地調査を実施いたします

T市駅前ビル「THE Terminal」改修プラン
～駅ビルまるごと「南仏プロヴァンス」一色に改装！
「ゆるやかな空気感」でシニア世代を吸引します～

2010年10月20日
同文舘プランニング　同文一郎

企画趣旨

T市駅前の商店街は、「シャッター通り」化しています。今回駅ビルTHE Terminalの改修に当たり、以下のことを念頭に置いて提案させていただきたいと思います。個人的な思いですが、T市はわたしが生まれ育った町です。その活性化のために、微力ながら尽くしたいと心から願っています。

- 地元商店街と協力し、T市駅前で「統一ブランドコンセプト」を発信
- その「統一ブランドコンセプト」の中核としてTHE Terminalを改修
- 「統一ブランドコンセプト」の重要ターゲットは「シニア」「団塊」
- 「南仏プロヴァンス風」を統一ブランドコンセプトに

  - おだやかな風が吹くまち
  - ゆったりとした時間がながれるまち
  - 健康と自然のまち

T市商圏の現状

- 駅南東部の大型スーパーに人の流れができている
- そのあおりで旧道商店街とTHE Terminalは不振
- 大型スーパーと同じ戦略では勝てない

2km商圏／1km商圏　旧道商店街　THE Terminal　T市駅　B市公団住宅　B市駅　人の流れ　T市ニュータウン　A市駅

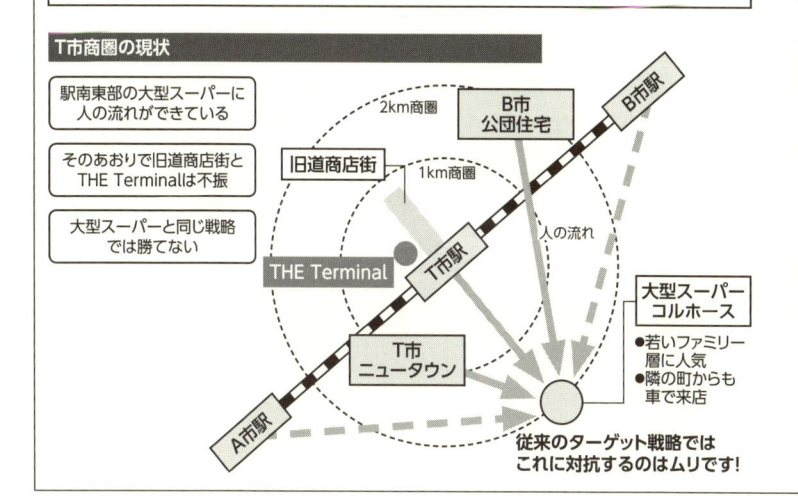

大型スーパー コルホース
- 若いファミリー層に人気
- 隣の町からも車で来店

従来のターゲット戦略ではこれに対抗するのはムリです！

図09 A3サイズのヨコ1枚企画書

広告宣伝ご担当者様　各位

弊社新媒体「城南タウンニュース」のご案内　2010.1.10

このお知らせは、同文舘ニュース社よりの媒体情報のご案内です。
今後定期的にお送りしますので、ぜひ本媒体への出稿をご検討下さい

ごあいさつ

このたび、城南エリアをカバーする新媒体「城南タウンニュース」を毎月発行する運びとなりました。フリーペーパーとして、各家庭への折り込み実施と、県内人気スポット、飲食店などで合計80万部を毎月配布いたします。ぜひ、貴社の広告宣伝、または求人募集などにご活用いただきたく存じます

読者ターゲット

- メインターゲット　城南の主婦層
- ターゲット　城南のビジネスパーソン層
- ターゲット　城南の学生層

弊社昨年10月アンケート結果より

Q1.城南エリアの「城南新聞」は読んでいるか
- はい
- いいえ

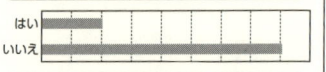

Q2.城南エリアに情報誌があれば利用するか
- はい
- いいえ

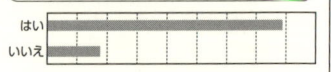

Q3.どんな記事が読みたいか(複数回答可)
- イベント
- 映画
- グルメ

媒体概要

- ●媒体名　「城南タウンニュース」
- ●発行日　毎月10日
- ●発行部数　80万部
- ●配布場所　城南各家庭に折り込み/人気スポット50カ所に配布ラック設置/毎月の発行日にエリア主要駅前で「城南タウンガール」による配布イベントを朝夕実施

媒体費用

- ●表2/3/4　150万円(制作費別途)
- ●4C1P　135万円(制作費別途)
- ●4C1/2P　75万円(制作費別途)
- ●4C1/4P　40万円(制作費別途)

※「城南タウンWebサイト」にて1P広告を無償提供いたします!(本誌掲載後1ヵ月間)

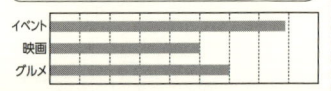

1月創刊号に掲載申込いただいたお客様には
次号2月号の掲載費を85%OFFとさせていただきます!

お問い合わせ先
同文舘ニュース社　広告営業部
主任　同文太郎
電話(03)8888-9999
E-mail: doubun@doubun.co.jp

取扱い代理店
城南広告社　営業2部
城南一郎
電話(03)6666-9999
E-mail: doubun@jonan-koukoku.co.jp

図10　A4サイズのタテ1枚企画書

3章 いろいろなシンプル企画書をつくってみよう

ナガモリ・チョコレート 2010バレンタインデー販促企画ご提案

2009年7月　販促2課　足利義昭

2009年度総括
(1)従来のタレントによるキャンペーン効果が弱く、販売店での弊社商品のフェイスを十分に確保することができなかった。
(2)義理チョコがすたれはじめ、「自分のためのチョコ」といった買い方が増えており、弊社キャンペーンとのズレがあった。

→ (1)ターゲットだけでなく販売店にも強く訴求するキャンペーンが必要。
→ (2)自分のために買うというストーリーづくりが必要。

2010年度キャンペーンポイントと実施案

試写会キャンペーン	売り場キャンペーン	2010年春の話題映画『バディシエの恋』とタイアップキャンペーンを実施する	プレゼントキャンペーン

『バディシエの恋』女性限定プレミア試写会を実施。主演ダイブ・A・ロバーツ来日予定。応募は弊社Webサイトで受付。雑誌『VOCE』『Beauty』で「自分のバレンタインストーリーをつくろう」タイアップ広告展開。SNS『Grea』で特設コミュニティ開設の上、応募受付実施

『バディシエの恋』タイアップ特製ポスターを各売り場で展開。『バディシエの恋』タイアップ特製POPを各売り場に配置。さらに一定ロット以上仕入れいただいた販売店様には同映画前売り券を進呈して、キャンペーンに活用していただく

『バディシエの恋』お買い上げのお客様抽選○○名に映画前売り券と、特製リーフレット進呈。雑誌『VOCE』『Beauty』SNS『Grea』特設コミュニティに応募受付実施。映画配給会社と相互リンクを設定し、映画ファンの取り込みをはかる

	9月	10月	11月	12月	1月	2月	3月
全体	インナー説明	外部へ説明	プレスリリース		営業強化	バレンタインデイ	公開
映画	映画Webサイトアップ						
雑誌媒体		特設Webサイトアップ	告知開始				
SNS特設コミュニティ			告知開始				
試写会キャンペーン					試写会実施		
販売店キャンペーン						POP展開	
プレゼントキャンペーン					Web展開		

図11 A4サイズのヨコ1枚企画書

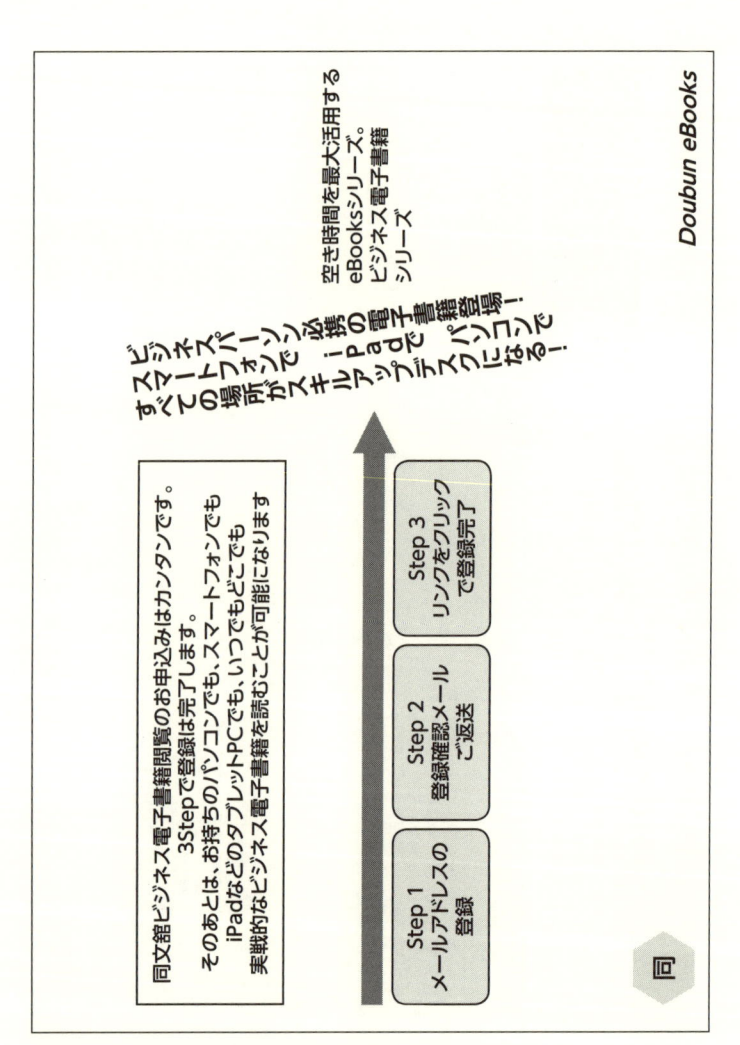

図12 A4サイズのA54P1枚企画書（オモテ）

Doubun eBooks

空き時間を最大活用する
eBooksシリーズ。
ビジネス電子書籍
シリーズ

ビジネスパーソン必携の電子書籍
すべての場所がスマートフォン、iPadでキュンとブックスパソコンになる！

同文舘ビジネス電子書籍閲覧のお申込みはカンタンです。
3Stepで登録は完了します。
そのあとは、お持ちのパソコンでも、スマートフォンでも
iPadなどのタブレットPCでも、いつでもどこでも
実戦的なビジネス電子書籍を読むことが可能になります

Step 1	Step 2	Step 3
メールアドレスの登録	登録確認メールご返送	リンクをクリックで登録完了

同

3章 いろいろなシンプル企画書をつくってみよう

同文舘eBooksメニュー

**通勤時間など空き時間で
スキルアップ可能!**

・仕事術
・企画発想術
・プレゼン術
・クラウド仕事術
・ソーシャルメディア活用術
・週末起業術
・週末活用術
・財務諸表入門
・メンタルヘルス入門
・セルフブランディング入門 など

各界の気鋭の執筆陣がコンテンツを作成します

同文舘eBooksの特徴

**月額無料で読み放題!
場所やデバイスを選ばない!**

同文舘eBooksは、あなた専用の
「クラウド本棚」をご提供するサービスです。
カンタンな手続きで、ビジネスパーソン向けの
ビジネス電子書籍が毎月読み放題となります

もし、お読みになった電子書籍について、さらに
書籍として欲しい、あるいは、著者の別の著書や
セミナー情報などを知りたい、そんなときは
同文舘eBooksカウンターにお問い合わせください。
必要な情報をご提供させていただきます
(情報の一部は有料となります)

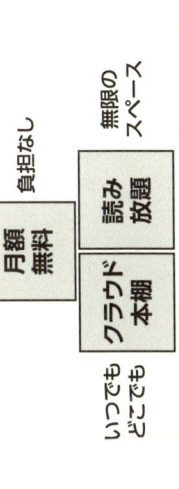

月額 負担なし
無料

いつでも **クラウド** **読み** 無限の
どこでも **本棚** **放題** スペース

Doubun eBooks

図13 A4サイズのA54P1枚企画書(ウラ)

e・10枚企画書

標準的な企画書の分量は10ページ程度のものが多いようです。今回はシンプル企画書がテーマなので、とくに詳しい説明を加えませんが、1枚企画書、3枚企画書の「モジュール工法」を理解していただければ、単にページを増やすだけなので基本は同じです。

以上が、筆者の考える「シンプル企画書」のバリエーションです。もちろん、形がすべてではありません。内容が大事なのですが、100ページもの分厚い企画書を渡されて「これを読んでください」と言われるのと、「この1枚企画書の話を説明させてください」と言われるのとでは、受け手としては、どちらのほうが気分が乗りやすいでしょうか。ぜひこの先を読んでください。

▼▼ 相手や場面に応じてシンプル企画書を使う

● コンタクト（はじめてお目にかかるとき）

新規取引先やはじめてのお客様などに自社の情報、あるいは担当である自分自身の情報を知ってもらうときには「シンプル企画書」を使いましょう。セミナー会場や、受付や応接室などで、短い時間で説明するのに最適だし、相手に手渡すのにも好適です。とくに、社内への提案、またはA4タテ1枚企画書やA54P1枚企画書がおすすめです。もし、

新規事業提案書
中華「新富裕層」のための㊙メディカルツアーのご提案
MEDICAL TOURISM for NEW CHINA RICH

平成22年10月1日
マネージャー 主 路星

MEDICAL TOURISM for NEW CHINA RICH

1. はじめに～台頭するニューチャイナリッチ（新富裕層）マーケット

[新富裕層] 概要
- 現在中国沿岸部（上海、深圳等）では「新富裕層」と呼ばれる、30代～40代の新しい消費者ゾーンが生まれている
- 彼らは従来の老舗のような二代目や、相続などで富裕になったクラスと明確に違う消費傾向をもっている
- ITベンチャー企業や金融・不動産投資などで財をなしたものが多い

[新富裕層] 市場予測
- 中華新富裕層（純金融資産 3000万円以上）610万世帯 約215兆円

親から引き継ぐ人脈やネットワークがほとんどない

名病院や名かかりつけ医などをもてない（知らない）

年齢的に下り坂に差しかかる

ブーのとき？

ポイント　今後「新富裕層」の最大の関心事は、「自身と家族の健康」になると思われる

図14 A4サイズの3枚企画書①

2. 提案趣旨 ～ 仁川空港内病院への検査滞在と観光

中華「新富裕層」医療への不満
・「新富裕層」はかかりつけ医を持たない人が多い。また、現状の医療体制にも不満を抱いている
・自分のスケジュールに合わせて、プライバシーを配慮し、長期的にコンサルティングしてくれる施設を望む
・海外の最新医療施設での検査や入院には興味・憧れを持っている
・多忙なので迅速さを尊び、それに応えてくれるサービスに費用は惜しまない

- VIP待遇
- 観光やショッピングもセット
- プライバシー配慮

仁川空港隣接のイチ(仁荷)大学校医科大学付属病院での滞在型検診枠を優先確保

「医療コンサルティングサービス付」新富裕層向けに「仁川メディカルツアー」販売開始

明真大学付属病院と提携、検診結果のコンサルティングと、治療時の受け入れ設定

| ポイント | 「医療コンサルティングサービス付」ツアーを「新富裕層」向けに販売 |

図14 A4サイズの3枚企画書②

3章 いろいろなシンプル企画書をつくってみよう

3. イメージ図

イナ（仁荷）大学校医科大学付属病院
韓国（仁川空港内）

- PET、MRIはどこまでさまざまな検査がメニューに取り入れられています
- 検診結果は中国本国の病院やかかりつけの医師に渡すこともできます

中華[新富裕層]

- ツアーのパック旅行として申し込みを受けます
- 誰にも知られず「旅行」として検診を受けて帰ってくることが可能です

明異大学付属病院
日本

- 空港着から20分の次世代型医療施設にてゆったりとVIPとして検診を受けていただけます
- 検診結果が電子化され、詳しいコンサルティングを受けることができます
- 日本初のバチスタ手術やカテーテル手術の技術を持つ医師を揃えた国内有数の医療施設です
- 万一深刻な病状が発見されたときは同病院にてそのまま入院することも可能です

ポイント

将来的には病院専用税関や航空チケットカウンターを増設→グローバルな医療施設へ

本事業モデルを国内の空港・病院の提携事業として提案

VIP検診とショッピングを楽しみながら、日本の最先端医療を紹介、将来の外国人顧客（患者）囲い込みの先鞭となることを意図しております

図14 A4サイズの3枚企画書③

根回しであれば、上司や同僚に社内会議の場で概要を説明することになるでしょう。その場合は**A4ヨコ1枚企画書**もおすすめです。

●アプローチ（提案の場を持っていただけるよう促すとき）

取引先に正式な提案の場をもらえるよう、少し突っ込んだ自社の商品やサービスの話を知らせるには、**A4タテ1枚企画書や3枚企画書**がおすすめです。手早く提案して、もしうまくいけば、この時点でOKをもらうことも可能です。社内プレゼンの前段階である、「こういう提案をしたいと思います」というとりまとめには、**A4ヨコ1枚企画書**がおすすめです。

●プレゼンテーション（提案するとき）

取引先に提案・セールスを行うとき、また金融機関や投資家に提案するときには3枚企画書がいいでしょう。相手がワンマンオーナーなどのときは、より「一目で俯瞰できる提案」が求められることが多いものです。この場合、**A3ヨコ1枚企画書**も効果的でしょう。

「たくさん資料をつけなくてはならない」「システムの提案なので、いろいろな状況を落とし込んでおかなくてはならない」ため、とても短くまとめられないときは、肝心の提案部分は1枚か3枚企画書にコンパクトにまとめ、それ以外の詳細については「その他資料」とか、「その他仕様について」などと別に添付すればいいのです。

そのような分厚い資料は、現場の人間があとでゆっくり検討できるように別立てにする

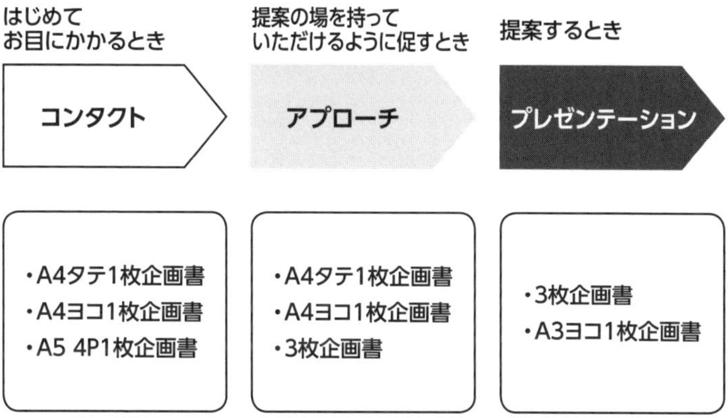

3章 いろいろなシンプル企画書をつくってみよう

はじめて お目にかかるとき	提案の場を持って いただけるように促すとき	提案するとき
コンタクト	アプローチ	プレゼンテーション
・A4タテ1枚企画書 ・A4ヨコ1枚企画書 ・A5 4P1枚企画書	・A4タテ1枚企画書 ・A4ヨコ1枚企画書 ・3枚企画書	・3枚企画書 ・A3ヨコ1枚企画書

図15 企画書はこのように使い分けよう

のが賢明です。キーマン、とくに決裁者のいるプレゼン現場では「シンプル企画書」を核にして提案しましょう。

② なぜ、「10分で決めるシンプル企画書」がよいのか?

▼▼ 企画書を相手に説明するのは実にむずかしい

この書籍を手に取っていただいた方は、これまで企画書をつくってプレゼンに向かったことのある人か、これから企画書を作成してプレゼンを行わなくてはならない人、あるいは今後そういう機会が増えそうな人たちだと思います。

いずれにせよ、**いかに「企画書を相手に説明して内容をわかってもらうことがむずかしいか」**ということがわかっている人だと思いますが、プレゼンで提案内容を相手に理解してもらうことはほんとうにむずかしいことなのです。そんな、「プレゼンがうまくいかない」という経験をした人の話と、私自身が「うまくいかなかった」経験とをまとめてみると、大きく2つの原因に行き当たります。

① **何を伝えたいのかがよくわからない**
② **提案先の求めるスピード感と合わない**

ダメなプレゼンというのは、「この案は採用できないですね。受け入れられません」と

言われるものではないのです。「何を言いたいのかわからない」と言われるのが、最もダメなプレゼンなのです。言い換えると、「ノー」と言われるのはまだましで、何が言いたいのかわからないから、提案された相手（提案先）が判断しようがない状態が一番ダメなのです。

ということは、そんなプレゼンになってしまう企画書というのは意外によく見かけます。をつくってしまうこと自体がダメなのです。ところが、見栄えはいいが、何が言いたいのかわからない企画書というのは意外によく見かけます。

▼シンプルに伝えることが大切

それでは、どうすれば「伝えたいことがよくわかる」企画書になるのでしょうか。ポイントは「シンプルに伝える」ということです。

『エレベータープレゼン』という言葉をごぞんじでしょうか。これは、いそがしい投資家に事業の企画を提案するとき、エレベーターに乗って目的の階まで下りる間に説明でき、かつ相手に納得してもらえるほどシンプルでスピード感のある説明でないとダメだということです。

似たようなケースでは、投資家に企画を説明しようとしたとき、名刺の裏1枚に内容を書いて説明することを求められた、という話もあったそうです。

それぐらい、伝えたいことが一瞬にして相手に理解されるような企画提案の仕方でないと通用しないのです。だからこそ、本書の「シンプル企画書」の作成方法を知っていただきたいのです。

▼▼ スピード感のある提案が必要

もうひとつ、ダメなプレゼン・ダメな企画書の典型的な例を挙げると、「提案先の求めるスピード感と合わない」というものです。提案者が求める期日に間に合わないというのはまったくの問題外にしても、「いつまでに提案してもらえるかね?」と聞かれて、長い期日を答えてしまうのもダメです。今、ビジネス現場はたいへんな勢いで加速しています。間を置かず提案しに行かなくては、ビジネス相手として認めてもらうことはできません。

分厚い企画書をつくるために何日も徹夜して、ということが昔はありました。しかし、今はそこまで時間を割くことはできません。提案するみなさんも、いくつもの仕事を抱えて、複数のプロジェクトを同時並行に切り盛りしていることと思いますが、提案される相手はそれ以上の仕事を抱えています。ビジネスのキーマンはみんな多忙なのです。

前述した「投資家へのエレベータープレゼン」のように、**決裁権を持つ人に時間を割いてもらうこと自体、本当にたいへんなことなのです**。筆者の尊敬するコンサルタント小林一博先生は、「プレゼンは、内容よりどうやってその時間をとってもらうかが重要」と述

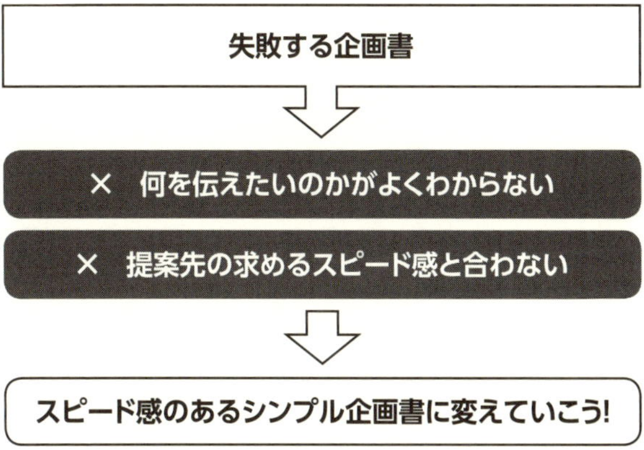

3章 いろいろなシンプル企画書をつくってみよう

```
         失敗する企画書
              ↓
   ×  何を伝えたいのかがよくわからない

   ×  提案先の求めるスピード感と合わない
              ↓
  スピード感のあるシンプル企画書に変えていこう!
```

図16 スピード感のある企画書づくりを心がける

べています。

そんなことを考えると、プレゼンのときに分厚い企画書を出すことは、相手に「さあ、今からたくさん時間をいただきますよ」と宣言するに等しいことです。「相手に負担感を与える」「相手の時間を奪う」ということが、提案先にとってマイナス要因になるということを感じ取ってください。だからこそ、作成にも時間をかけず、提案にも時間をかけない、「お互いの時間をムダにしない提案活動」のためにシンプル企画書が求められているのです。

③ 何を伝えたいか、がスピード感をもって相手に伝わること

▼▼「シンプル企画書」＋アルファという考え方

相手の求めるタイミングで、相手の求めるスピード感で企画書を提出し、相手が手間なく理解できるように提案する、「シンプル企画書」の定義をひとことで言いましょう。

「何を伝えたいか、がスピード感をもって伝わる企画書」

そして、その企画書を作成するのにもスピード感が必要です。ですから、「速くつくる」ことも大切な要素です。企画書の作成を命じられて、何日も徹夜して期日に間に合わない、などということがないように「**プロダクト・システム**」をもっておくことがベストでしょう。

つまり、なるべく短い時間で、求められるシンプル企画書をつくるシステムをもっておくのです。それについては、後ほどご説明させていただきます。

ところで、「やはり企画書は分厚くないと相手を説得できない」という意見があります。私の経験上も、分厚い企画書でないと何となくさまにならない業界もたしかにあります。

「分厚い企画書をつくってきた」というセレモニー性が重視されるようなのです。「セレモニーだから、したがってもらうしかない」と言われれば、「うーん」とうなりながら納得するしかありません。たしかに、たとえばシステムの新規導入や新規事業の計画書など、細かい要件をたくさん述べておかなくてはならない提案には、シンプル企画書のみ、とくに1枚企画書だけでは足りないということがあるかもしれません。

しかし、その場合でも、ほんとうに提案相手が知りたい部分というのは、そんなに多岐にわたるものではないのです。

ですから、核となる部分はシンプル企画書にして、詳細な説明については別紙にして、付箋でも貼っておいて「必要な部分はあとで現場から説明します」としたほうが、説明される側もありがたいはずです。経営陣などは、詳細な説明を聞かされても困るだけです。

案件によっては、写真やイラスト、パースなどのビジュアルも提案に盛り込まなくてはならないこともあります。それらは、ブラックボードやパネルに貼りつけてプレゼンすればいいのです。もちろん、プロジェクターを利用してもいいし、iPadで見せてもいいでしょう。つまり、**「シンプル企画書」**＋アルファという考え方です。

この＋アルファで、筆者の経験から効果的だったものが**「静止画ムービー」**です。実は、動画というのは提案のときにはかなり有効です。理想的には、映画を見せるのがベストだと私自身思っているほどです。

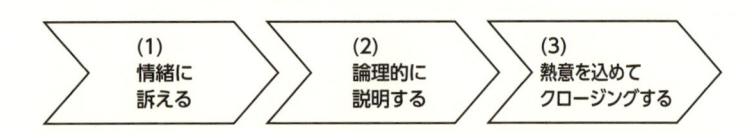

```
(1) 情緒に訴える  →  (2) 論理的に説明する  →  (3) 熱意を込めてクロージングする
```

図17 企画書で提案するときの効果的な順序

しかし、動画を作成したり編集するには、ある程度の技術も必要となるし手間もかかります。動画も、パソコンのおかげでつくりやすくなったというものの、仕上げまでのスピード感を大切にしようとすると、一番手っ取り早いのは静止画ムービーです。

これは、デジカメ写真を映画のように編集してくれるもので、市販されているソフトも数多くあります。音楽もつけられるし、提案の最初に静止画ムービーを提案先にまず見せて、それからシンプル企画書をおもむろに説明するという順番はかなり有効です。提案のときには、次の順番が効果的だからです。

（1）情緒に訴える
（2）論理的に説明する
（3）熱意を込めてクロージングする

このうち、最初の『情緒に訴える』には静止画ムービーなど、ビジュアルが有効な手段になります。この静止画ムービーの詳細については後述します。

4章

場面に応じてシンプルな「1枚企画書」をつくろう

① はじめて会う相手に渡したい1枚企画書のポイント

▼▼ 新規取引先向けの1枚企画書

「シンプル企画書」は、プレゼンだけでなく、いろいろな場面で役立ちますが、とくに、新規取引先など新しく人と会う場面、などで使うと効果的です。まだ、お互いのことをよく知らないときに、分厚い企画書で提案されても困るため、1枚企画書が向いています。

とくに、「A4サイズタテ1枚企画書」が最適です。1枚企画書を使って10分で提案しましょう。とくに記すべきポイントは、次の3つです。

① **自社の強み**

自社の実績や得意分野などを相手にわかりやすくまとめておきます。差し障りがなければ、取引先や具体的なプロジェクトなどを記載しておけば、渡した相手が「この会社にはこんなことを頼めばいいのだな」と具体的なストーリーを描くことができます。

② **とくに推したい商品・サービス**

いろいろアピールしたいことがあっても、最初に相手先に渡す1枚企画書には、ひとつ

郵便はがき

1 0 1 - 8 7 9 6

料金受取人払郵便

神田支店
承　　認
8823

差出有効期間
平成25年1月
31日まで

5 1 1

（受取人）
東京都千代田区
神田神保町1—41

同文舘出版株式会社
愛読者係行

|||||||||||||||||||||||||||

毎度ご愛読をいただき厚く御礼申し上げます。お客様より収集させていただいた個人情報は、出版企画の参考にさせていただきます。厳重に管理し、お客様の承諾を得た範囲を超えて使用いたしません。

図書目録希望　　有　　　無

フリガナ				性　別	年　齢
お名前				男・女	才
ご住所	〒　　TEL　　（　　　）　　　　　　Eメール				
ご職業	1.会社員　2.団体職員　3.公務員　4.自営　5.自由業　6.教師　7.学生 8.主婦　9.その他（　　　　　　　　　　）				
勤務先分類	1.建設　2.製造　3.小売　4.銀行・各種金融　5.証券　6.保険　7.不動産　8.運輸・倉庫 9.情報・通信　10.サービス　11.官公庁　12.農林水産　13.その他（　　　　　　　　）				
職種	1.労務　2.人事　3.庶務　4.秘書　5.経理　6.調査　7.企画　8.技術 9.生産管理　10.製造　11.宣伝　12.営業販売　13.その他（　　　　　　）				

愛読者カード

書名

- ◆ お買上げいただいた日　　　　年　　月　　日頃
- ◆ お買上げいただいた書店名　（　　　　　　　　　　　）
- ◆ よく読まれる新聞・雑誌　　（　　　　　　　　　　　）
- ◆ 本書をなにでお知りになりましたか。
 1. 新聞・雑誌の広告・書評で　（紙・誌名　　　　　　　）
 2. 書店で見て　3. 会社・学校のテキスト　4. 人のすすめで
 5. 図書目録を見て　6. その他（　　　　　　　　　　　）
- ◆ 本書に対するご意見

- ◆ ご感想
 - ●内容　　　　良い　　普通　　不満　　その他（　　　　）
 - ●価格　　　　安い　　普通　　高い　　その他（　　　　）
 - ●装丁　　　　良い　　普通　　悪い　　その他（　　　　）
- ◆ どんなテーマの出版をご希望ですか

<書籍のご注文について>
直接小社にご注文の方はお電話にてお申し込みください。宅急便の代金着払いにて発送いたします。書籍代金が、税込1,500円以上の場合は書籍代と送料210円、税込1,500円未満の場合はさらに手数料300円をあわせて商品到着時に宅配業者へお支払いください。
同文舘出版　営業部　TEL：03-3294-1801

の商品やサービスに絞って書いたほうがいいでしょう。あれもこれも書いてあっても、先方は読んでくれないし、覚えてもくれません。代表的なものを、ひとつだけ訴求しておくといいでしょう。

③ **自分の情報**

また、自社のことはもちろん、自分自身の情報も入れておくといいでしょう。たとえば、趣味や出身地などを記入しておくと、先方との話のきっかけになります。

▼▼ さらに具体的な、新規取引先向けのA54P1枚企画書

はじめて会う相手であっても、商談などの目的がはっきりしているときには、もっと具体的な商品やサービス内容などを説明する必要が出てきます。その場合は、同じ1枚企画書であっても、「A54P1枚企画書」を活用するといいでしょう。これは、A41枚企画書の表裏を使い、折り返して、実質A54Pとして相手に見せるものです。4Pですから、ここには4つのポイントが記入できます。

① **商品・サービス名とポイント**

ここは、A54Pの1P（表紙）にあたります。大きな文字で、商品・サービス名と、そのすぐれた点を訴求しましょう。

② **商品・サービスの具体的な内容**

ここは、A5 4Pの2P（中面）にあたります。商品・サービスの詳しい内容と差別化ポイントを述べましょう。

③ 価格・提供方法・スケジュール・注意点

ここは、A5 4Pの3P（中面）にあたります。商品・サービスの価格や、どうやって提供するかの方法、たとえば、販売店やサービスセンターなどのチャネル情報、利用上の注意点などを書いておきましょう。

④ 自社の実績・自分の情報

ここは、A5 4Pの4P（裏表紙）にあたります。自社の実績や、それらを取り扱う自分の部署のこと、また自分自身の情報などを記載しましょう。当然、連絡先や連絡方法も忘れずに記載します。

▼▼ 投資家や金融機関向けのシンプル企画書

資金提供を受けたい、新規事業に投資してほしい、そのような目的のために、投資家や金融機関を紹介してもらい、あるいはこちらからアプローチして、事業の説明をしなくてはならないときもあります。先方は、こちらのことは何も知りません。本来、投資家や金融機関に提示する事業計画書は、かなり大がかりなものになりますが、そのようなプレゼンに至る前に、A4 1枚企画書、またはA5 4P 1枚企画書で次の3ポイントを訴求しま

新規取引先向けの 1枚企画書	①自社の強み ②とくに推したい商品・サービス ③自分の情報
さらに具体的な、 新規取引先向けの A54P1枚企画書	①商品・サービス名とポイント ②商品・サービスの具体的な内容 ③価格・提供方法・スケジュール・注意点 ④自社の実績・自分の情報
投資家や 金融機関向けの シンプル企画書	①ビジネスモデル ②自社の実績・現状 ③見通し

図18 新規取引先向けの1枚企画書

①ビジネスモデル

投資家や金融機関がチェックする最大のポイントはここで、どうやって収益を上げていくかがシンプルに示されていなければなりません。シンプルに示さないと、読んでもらえないことがあります。

②自社の実績・現状

現在、自社がどのような経営状況にあり、そのような（当該）新規事業や新商品開発、新分野進出などになぜ踏み切る必要があるのか、また、自社がどのような実績を積み重ねてきたのかが、わかりやすく述べられていなくてはなりません。

③見通し

投資や融資を受けて、どのような形で返済するのか。収益を上げて還元する見通しを述べます。

② いつものお客様にアプローチする1枚企画書のポイント

▼▼ 取引先にプレゼンの機会をうかがう1枚企画書

自社のクライアント、お得意先に提案をしにいかなくてはならないときがあります。営業担当の方は、毎日のようにこのような場面に遭遇するでしょう。お客様のほうから、「こういうことを提案してくれ」と言われて提案しにいくのではなく、こちらから自主的に取引先に提案しにいかなくてはならないことがあります。そんなとき、自社の製品やサービスを提案したくても、取引先のニーズがよくわからないことがしばしばあります。

このようなとき、言い換えれば、しっかりしたプレゼンをする前に、お客様の考え方や方向性、現状などを把握するために、「大づかみの提案」、つまり「アプローチ」をしなくてはならないとき、1枚企画書が役に立ちます。1枚企画書を使い、10分で提案しましょう。これもA4タテ1枚企画書がよいでしょう。

① **商品・サービスのポイント**

提案したい商品・サービスのポイントを列挙します。多くとも3つぐらいでいいでしょ

② **その商品・サービスを提案する理由**

取引先が困っていると思われるポイントに対して、最適な商品・サービスであることを述べます。業界全体の状況や法律改正、現在注目されている技術などを述べてもいいでしょう。

③ **相手の受けるメリット**

この商品・サービスによって、取引先の問題が解決するという仮説を述べます。しかも、取引先に限定したサービスやよい条件を付加する用意があることを述べて、「できたら、正式に提案させていただきたい」と次のプレゼンにつなげます。取引先（先方）は、その1枚企画書の仮説の誤りを質問されたり、勘違いしている部分などを指摘されたりするでしょう。先方から、特別に提案を求められているわけではなく、こちらの推測で提案をしているわけだからです。

しかし、そんなやり取りにより、先方からいろいろな情報をいただけることもあるし、実際に正式提案に結びつくこともあります。この「アプローチ」という段階は、実は非常に大切なのです。

次のようにアプローチすることもあります。これは、先方の商品・サービス、ブランドなどについて、こちらで自主調査を行い、提案につなげようというものです。

▼▼ 自社の商品を訴求するA54P1枚企画書

① 取引先の商品・サービス、ブランドなどについての自主調査とその分析

これは経費のかかる話ですが、インターネット調査などを使えば、以前よりかなりローコストでユーザー調査を行うことができるようになりました。つまり、勝手に取引先の商品・サービスなどがユーザーにどう思われているかを調査するのです。本来は、予算をいただかなくてはならないような作業ですが、これを行うと、取引先はかなり「聞く耳」を持ってくれるはずです。

② 取引先の商品・サービス、ブランドなどの問題点を提示

調査によって浮き彫りになった点を提示します。アンケート調査などで得た定量調査の結果と、ユーザーの生の声を集めた定性調査を組み合わせるとかなり効果的です。

③ 問題解決に向けた自社商品・サービスの紹介

そうした問題解決に向けて、自社の商品・サービスにはこのようなものがあるので、正式に提案させてほしいと申し出てOKが出れば、取引先からもう一度きちんと提案に向けたオリエンテーションを受けるのです。これらを1枚企画書に盛り込んで提示するのはアプローチとして有効ですが、相手に失礼のないように配慮して作成するべきです。

取引先に プレゼンの機会を うかがう1枚企画書	①商品・サービスのポイント ②その商品・サービスを提案する理由 ③相手の受けるメリット
	①取引先の商品・サービス、ブランドなどについての自主調査とその分析 ②取引先の商品・サービス、ブランドなどの問題点を提示 ③問題解決に向けた自社商品・サービスの紹介
自社の商品を 訴求する A54P1枚企画書	①商品・サービス名とポイント ②商品・サービスの具体的な内容 ③問題解決に向けた自社商品・サービスの紹介 ④価格・提供方法・スケジュール・注意点

図19 お取引先向けの1枚企画書

プレゼンにつなげるために、「A54P1枚企画書」の活用も検討してみましょう。基本的には前述のポイントと同じです。

① **商品・サービス名とポイント**
ここは、A54Pの1P（表紙）にあたります。大きな文字で、商品・サービス名と、そのすぐれた点を訴求しましょう。

② **商品・サービスの具体的な内容**
ここは、A54Pの2P（中面）にあたります。商品・サービスの詳しい内容と差別化ポイントを述べましょう。

③ **問題解決に向けた自社商品・サービスの紹介**
ここは、A54Pの3P（中面）にあたります。ここでは、先方が抱えていると思われる問題点に向けて、その解決を行う商品・サービスの提案を行います。

しかし、あまりくどくど説明せず、「以上に

ついては、詳細をヒアリングさせていただき、再度提案させていただきたい」などと次につなげます。

④価格・提供方法・スケジュール・注意点

ここは、A54Pの4P（裏表紙）にあたります。商品・サービスの価格や、どうやって提供するかという方法、たとえば販売店やサービスセンターなどのチャネル情報、利用の注意点、また自分への連絡方法などを書いておきましょう。

③ 社内提案に使う1枚企画書のポイント

▼▼ 新しい商品・サービス提案の1枚企画書

ここまでは、社外向けの企画書のポイント、とくに営業を念頭に置いて説明してきましたが当然、社内でも提案を行う機会は少なくありません。社内プレゼンする機会が多いのは、新商品や新サービスでしょう。プレゼンというと大げさかもしれませんが、社内の会議で提案して決裁を受けるという経験は、誰もがしていると思います。メールで提案することもあるでしょう。

みなさんも、「新商品・サービスの資料です。読んでおいてください」と、PowerPointやPDFの何十枚もの資料がメールで送られてきてうんざりしたことはないでしょうか。そんなときにも、1枚企画書は喜ばれます。1枚企画書を使って、10分で提案しましょう。こういった社内プレゼン向けの1枚企画書のポイントは、次の通りです。

① 「背景」の説得力を高める

社内プレゼンで最も大切な部分は「背景」です。同じ社内ですから、商品・サービスの

情報はある程度共有されているはずなので、どうして、その新しい商品・サービスが市場ニーズに応えることになるのか、上司や経営陣を納得させるものでなくてはなりません。データ類は、1枚企画書に組み入れるスペースがないときは、別紙でもいいでしょう。その考察をしっかり書き入れましょう。他の企画書より、「背景」の制作に注力しましょう。

② **ターゲットや競合状況の明確化**

「背景」ともつながりますが、ターゲットや競合企業の状況が明確に説明され、きちんと分析されていなければなりません。また、そのためにどういう差別化戦略が組み込まれているかも説明する必要があります。さらに、どういうプロモーションを行うのか説明しなければならない場合もあります。

③ **予算と収益の見通し**

こうして見ると、「社内提案」は、「社外提案」とはまた違った、ある意味もっときびしい見方がされるとも言えます。なぜなら、社内提案は「自社の予算を使って行うもの」であり、社外提案は主に「他社の予算を獲得してくるもの」だからです。他社の予算を獲得してくるのはもちろんたいへんですが、ダメなときにも、とくに大きなマイナスは(すぐには)生じません。しかし、社内提案の場合、失敗したときは自社の予算に大きなマイナスが生じます。

ですから、「どれだけ予算がかかるのか」「収益の見通しはどうか」というポイントが納

▼▼ 新しい事業提案の1枚企画書

商品・サービスの新規提案より、さらにステージとしては高い新規事業の提案書。これも、普通であれば分厚い企画書が必要ですが、やはり1枚にまとめて10分で提案しましょう。「A3ヨコ1枚企画書」が最適でしょう。私は実際に、A3ヨコ1枚企画書で新規事業提案書を作成しています。スペースが足りないときは、表裏に印刷して提示しています。A3ヨコ1枚企画書を使って、10分で提案しましょう。

そのポイントを次に挙げます。

① 会社の理念・経営方針と合致

会社が行う事業は、たとえ新しい事業領域に踏み出すようなものであっても、その理念に基づいていなくてはなりません。また、会社が立てた経営方針や戦略に合致したものでなくては「ブレ」が出てしまいます。そうなると、経営方針そのものの変革が求められるかもしれません。まず、理念・経営方針の確認を行いましょう。

得できるものでないと決裁は下りません。かかる費用と、得られる収益の見込みをしっかり伝えるようにしましょう。

その部分があいまいな企画書は、まず決裁されません。なかには、「収益」として説明できないものがあります。たとえば、「ブランド価値」などです。その場合は「得られる効果」、しかも指標が明確なものを挙げて説明しましょう。

新しい商品・サービス提案の1枚企画書	①「背景」の説得力を高める ②ターゲットや競合状況の明確化 ③予算と収益の見通し
新しい事業提案の1枚企画書	①会社の理念・経営方針と合致 ②自社の強みを把握・活かしていること ③目的・コンセプトが明確 ④「背景」の説得力を高める ⑤ターゲットや競合状況の明確化 ⑥予算と収益の見通し

図20 社内提案に使う1枚企画書

②**自社の強みを把握・活かしていること**

自社の経営資源、とくに強みは何なのかを把握して、それを活かしているかどうかが問われます。どんな新規分野に参入するとしても、ゼロから立ち上げるものは少ないはずです。「どうして、自社がそれをやるべきなのか」を説明しましょう。

③**目的・コンセプトが明確**

「この新規事業で何を目指すのか」、そこに一本しっかりした背骨を通す必要があります。その部分を私は「企画骨子」と呼んでいます。これは、後ほど詳細に説明します。

④**「背景」の説得力を高める**

これは前述の新商品・サービス提案と同様です。データ資料は別紙として、考察をしっかり述べましょう。

⑤**ターゲットや競合状況の明確化**

これも、前述の新商品・サービス提案と同様です。ターゲットについての考え方、競合との差別化ポイントを

しっかり述べましょう。

⑥ 予算と収益の見通し

これも前述と同様です。かかる費用と得られる収益を明示しましょう。

④ PowerPoint以外で1枚企画書をつくる

▼▼Excelで1枚企画書をつくる

1枚企画書を作成するときに限らず、「企画書はPowerPointでつくる」というのが、何となくの風潮になっていないでしょうか。むろん、PowerPointはすぐれたソフトウェアだと思いますが、PowerPointに慣れていないために、企画書づくりを億劫に感じている方も少なくないでしょう。1枚企画書を作成するのは、Excelでも、Wordでも、いつも使っているソフトウェアでいいのです。もっと言えば、本書で説明したことを丁寧に手書きしていただいても十分でしょう。

ここでは、使い慣れたExcel、Wordで1枚企画書を作成する方法を説明させていただきます。モジュールに分けて考えるのは、PowerPointの場合と同じです。

Excelは基本的に「表計算ソフト」なので、「表組み」を作成するのに向いたソフトウェアです。つまり、モジュールに分けて配置しやすいのです。図21のように、1枚のExcelのシートを分割してみましょう。それぞれに、次のモジュールを設定してみま

4章 場面に応じてシンプルな「1枚企画書」をつくろう

す。

（1）基礎モジュール
（2）コンセプトモジュール
（3）背景モジュール
（4）（具体的な）プランモジュール
（5）想定メリットモジュール
（6）クロージングモジュール

それぞれのモジュール（表組み）に文字を記入していきましょう。そうすると、多少表がふくらんだり、はみ出したりするかもしれませんが、そんなことは後で簡単に調節できるのがExcelのいいところです。まずは、どんどん文字を埋めていきましょう。

Excelで作成する強みは「グラフ」や「表組み」が扱いやすいことです。「毎月の売上の変動」や「地域ごとにデータを比較」など、数字を多く使うときは便利です。

ある程度できたら、ワンシート＝1枚にまとめなくてはなりません。ここがExcelのいいところで、適当につくっても、1枚に印刷できるように設定しやすいのです。

たとえばExcel2007の場合、メニューの「表示」から「改ページプレビュー」を選択します。ページをはみ出して作成した場合、「1ページ」とか「2ページ」とか、青い点線で分割されているのがわかります。そのページが分割されている「点線」をドラ

図21 Excelで作成した企画書のモジュール図

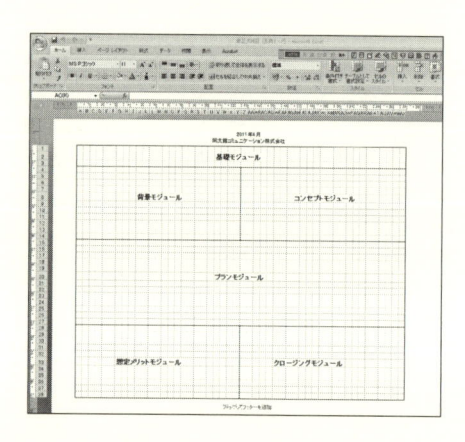

ッグして、表示を1ページにまとめるようにすればいいのです。印刷すると、1枚企画書となって出てきます。図形を配置したり、「セル」という枠に色をつけたりすることも自在にできますから、1枚企画書を作成するには十分な機能を備えていると言えます。

▼▼Wordで1枚企画書をつくる

同じく、Wordで1枚企画書を作成するときには「アウトライン」を活用するか、やはり「表組み」でブロックをつくり、モジュールを配置するやり方がありますが、時間がかからず、簡単なのはメニューの「アウトライン」を使って、文章を箇条書きにまとめていく方法でしょう。

Word（2007）を開いたらメニューの「表示」から「アウトライン」のモードを選択

同文舘出版のビジネス書・一般書　2011/4

DO BOOKS NEWS

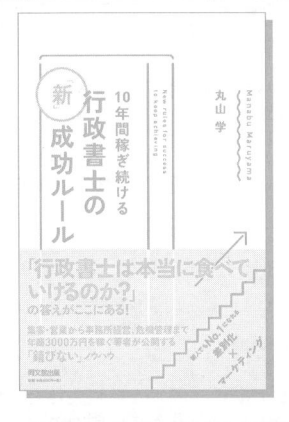

10年間稼ぎ続ける 行政書士の「新」成功ルール

丸山 学著

10年間業績を上げ続け、年商3000万円を稼ぐ著者が実践している、新人でもNo.1になれる「行政書士の新・成功法則」を徹底解説！　集客・営業や実務習得のテクニックから、事務所経営・危機管理のノウハウ、これから有望な行政書士業務まで、「お客様のほうからお願いする」仕組み作りのすべてを惜しみなく公開する。「行政書士は本当に食べていけるのか？」の答えがここにある！　本体1,500円

繁盛する治療院の 患者の心をつかむ会話術

船井総合研究所　岡野 宏量著

いくら治療技術が高くても、「会話下手」「コミュニケーション下手」だと患者さんに通ってもらえない。本書では、施術時の会話の基本、共感と信頼を得る話し方、ニーズを聞き出す質問方法、患者との人間関係の築き方など、儲かる治療院になるための接遇・コミュニケーションのコツを解説。按摩・マッサージ・指圧、鍼灸、柔整、整体、サロン等の経営者・スタッフ必携の1冊！　本体1,500円

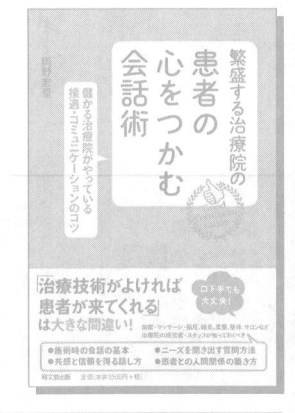

●創業115年

同文舘出版株式会社

〒101-0051　東京都千代田区神田神保町1-41
TEL03-3294-1801/FAX03-3294-1807
http://www.dobunkan.co.jp/

DO BOOKS 公式ブログ http://do-books.net

本体価格に消費税は含まれておりません。

★ DO BOOKS 最新刊 ★

一瞬で売れる！ 買わせる！ キャッチコピーのつくり方

加納 裕泰著

売れるキャッチコピーはあなたにしかつくれない！ チラシ・DM、小枠広告、ニュースレター、POPなど、媒体別・販促力が速攻アップするテクニックを徹底分析。お客様に「それがほしい！」と思わせる言葉のつくり方のルールがわかる！　本体 1,600 円

はじめよう！ リサイクルショップ

船井総合研究所　福本 晃著

これから流行るリサイクルビジネスの必須条件と考え方、成功のコツがよくわかる！ 立地の選び方、中古品の仕入れ方、販売促進策、サービス・接客方法など、リサイクルショップの開業から繁盛のポイントまでをビジュアルに紹介　本体 1,700 円

新版 なるほど！ これでわかった 図解よくわかるこれからの貿易

高橋 靖治著

ウィーン売買条約、インコタームズ 2010、貨物海上保険の協会貨物約款 2009、税関手続きの AEO 制度などに対応した最新版！ 基本の知識から、貿易実務の概要、これからの貿易まで、貿易取引の全体像をわかりやすく解説　本体 1,700 円

DO BOOKS 公式ブログ http://do-books.net

ビジネス書

研修・セミナー講師を頼まれたら読む本
この1冊を読んで実践すれば、あなたも名講師になれる！「スクリプト」と「応酬話法」に的を絞って解説
松本幸夫著　本体1500円

過去問で効率的に突破する！「宅建試験」勉強法
3カ月で合格できる！「過去問を読むだけ」の正しい学習方法
松村保誠著　本体1500円

過去問で効率的に突破する！「中小企業診断士試験」勉強法
過去問をフル活用して合格をめざす「超・効率的」勉強法
日野眞明監修／斎尾裕史著　本体1500円

独学・過去問で確実に突破する！「社労士試験」勉強法
過去問に焦点をあてた「省エネ」勉強法で合格を勝ち取る！
池内恵介著　本体1500円

実践！チラシ集客法100
「バズレチラシ」のトコトン活用法から「大当たりチラシ」のつくり方まで
お金をかけずにチラシを徹底的に使いきるノウハウのすべて！
稲原聖也著　本体1700円

社会保険労務士 とっておきの「顧問契約獲得術」
社労士が売上を上げるための「戦略的営業法」の数々を公開
久保貴美著　本体1450円

エクセルの3つの機能で仕事のスピードを加速するデスクワークを3倍効率化するテクニック
仕事の生産性を上げる！エクセルを有効活用する方法
奥谷隆一著　本体1500円

インターネット・リサーチのことがわかる本
新しいリサーチの価値と可能性をビジュアルに解説
石井栄造著　本体1700円

驚異のテレアポ成功話法
竹野恵介著　本体1400円

即効即決！驚異のテレアポ成功術
短期間で、驚くほどアポイント率を高めるやり方がわかる！
竹野恵介著　本体1400円

集客効果ナンバーワン！売れるディスプレーはここが違う
豊富な実例にもとづいてビジュアルに解説
神田美穂著　本体1700円

チラシで攻めてチラシで勝つ！
大型店に勝つチラシづくりのセオリーを公開
佐藤勝人著　本体1400円

図解 なるほど！これでわかった よくわかるこれからの物流改善
物流共同化を主軸に据えた「攻めの物流改善」を解説
津久井英喜編著　本体1800円

図解 なるほど！これでわかった よくわかるこれからのSCM
SCM（サプライチェーンマネジメント）の基本から応用まで
石川和幸著　本体1700円

図解 なるほど！これでわかった 最新版 よくわかるこれからのマーチャンダイジング
MDの基本から、これからの理想的なあり方までを解説！
服部吉伸著　本体1700円

図解 なるほど！これでわかった よくわかるこれからの流通
日本の流通業の現状と課題、変化の方向性がわかる
木下安司著　本体1700円

好評既刊 ビジネス書

○一般・実用書

突然の指名を「パターン」で乗り切る！
スラスラ浮かぶスピーチのネタ
今すぐ、自分だけのスピーチをつくれるようになる！
高津和彦著
本体1500円

最新版 これが「繁盛立地」だ！
店舗を成功に導く「立地選び」のやり方・考え方
林原安徳著
本体1700円

たった1分で夢と成功を引き寄せる
ビジネスEFTテクニック
成功率98％！ 誰でも短時間で簡単に問題解決できる方法
武田和久著
本体1500円

ビジュアル図解 宅配便のしくみ
進化し続ける宅配便のすべてがよくわかる！
青田卓也著
本体1700円

ビジュアル図解 物流のしくみ
幅広い業種と結びついている「物流」の全体像を解説
青木正一著
本体1700円

マーケティング・ベーシック・セレクション・シリーズ
プロモーション・マーケティング
広告、PR、セールス・プロモーションを体系的に解説
山口正浩著
本体1800円

マーケティング・ベーシック・セレクション・シリーズ
プライス・マーケティング
プライシングに関連する知識を多角的な視点で解説
山口正浩編著
本体1800円

図解 なるほど！これでわかったこれからの貿易
貿易実務の概要から今後の方向性までを詳述
高橋靖治著
本体1700円

図解 なるほど！これでわかったこれからの物流
物流のすべてをビジュアルに解説！
河西健次・津久井英喜編著
本体1700円

図解 なるほど！これでわかったこれからの在庫管理
在庫管理のすべてをビジュアルに解説！
成田守弘著
本体1700円

図解 なるほど！これでわかったこれからの購買管理
正しい手法と今後の購買管理をやさしく解説
菅間正二著
本体1700円

図解 なるほど！これでわかったこれからの品質管理
入門者から管理者まで対応、品質管理の手引書
山田正美著
本体1700円

図解 なるほど！これでわかったこれからの外注管理
効率的に外注管理をすすめるポイントとは？
坂田慎一著
本体1700円

図解 なるほど！これでわかったこれからの生産管理
生産管理のすべてをビジュアルに解説！
菅間正二著
本体1700円

銀行員と対等に交渉できる
中小企業経営者のための融資の基本100
融資についてのあらゆる知識を解説
川北英貴著
本体1500円

して、「目的」「コンセプト」などの見出しを入れていきます。そして本文を記入して、「インデントを増やす」というボタンを押すと、自動的に「一段下がり」ます。1枚企画書の場合、スペースを有効に使う必要があるため、ページの余白をなるべく減らすとよいでしょう。最初の設定は、かなり余白が多めにとってあるため、メニューの「ページレイアウト」を選び、「余白」を「狭い」に設定するといいでしょう。そうして作成したのが図22です。

表組みを加えると、さらに見やすいレイアウトになります。Wordで図形を作成したり、移動させたり、加工するのはちょっと面倒なので、「アウトライン」と「表組み」だけで構成すれば十分でしょう。

Wordには、Excelのようにはみ出た部分を1ページにまとめるような機能はありません。そこは少し工夫をして、A4 2Pにまたがって制作して、A3ヨコ1枚企画書として印刷したらいいでしょう。文章ばかりがずっと続くような構成のときには「段組み」を使用して、2段に分けて文章をレイアウトしてもいいでしょう。Wordの場合、「ページレイアウト」のメニューから「段組み」を使えば、簡単に段を増やすことができます。

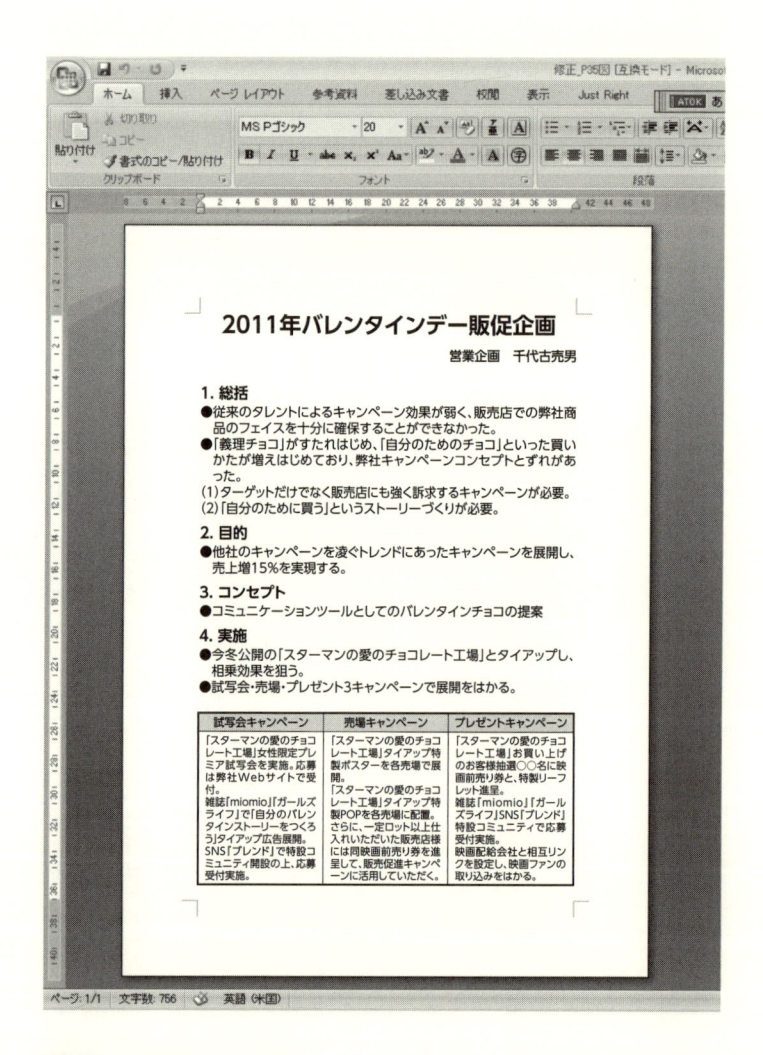

図22 Wordで作成した企画書

5章

実戦に強いシンプルな「3枚企画書」をつくろう

1 3枚企画書の構成

▼▼ 3つのブロックにモジュールを配置しよう

ここで、「1枚企画書ではスペースが足りない」、「もう少し詳しく伝えたい」というときに使うと便利な「3枚企画書」について、簡単に説明しておきましょう。もう一度、必要なモジュールを確認します。

(1) **基礎モジュール（3P企画書の場合「企画骨子（まえがき）」を入れるといいでしょう）**
(2) コンセプトモジュール
(3) 背景モジュール
(4) **(具体的な)** プランモジュール
(5) **想定メリットモジュール**
(6) **クロージングモジュール**

この6つのモジュールを1枚ではなく、3枚に配置すればいいのですから、基本は同じです。いくつか汎用パターンをご紹介しましょう。

① 汎用3枚企画書

・1P目
基礎モジュール（タイトル・日付・名前・企画骨子）
背景モジュール（データなどの資料）
想定メリットモジュール

・2P目
コンセプトモジュール（企画をひと言で述べると）
（具体的な）プランモジュール（企画全体・訴求したいポイント）

・3P目
クロージングモジュール（スケジュール・予算）

まず、現状を1P目でしっかり説明します。2P目では、述べたいポイントを説明します。最後のページはクロージングとして、予算やスケジュールなどを述べて決裁を求めます。

新商品・サービスの提案や、対外的な営業提案などでも使用できる万能型3枚企画書です。1枚企画書には及ばないまでも、10分で十分提案できる分量でしょう（図23）。

② 営業提案向け3枚企画書

・1P目
基礎モジュール（タイトル・日付・名前・企画骨子）

```
┌─────────────────────────────────────┐
│  ╭───────────────────────────────╮  │
│  │        基礎モジュール          │  │
│  ╰───────────────────────────────╯  │
│  ╭───────────────────────────────╮  │
│  │        背景モジュール          │  │
│  ╰───────────────────────────────╯  │
│              ⬇                      │
│  ╭───────────────────────────────╮  │
│  │    想定メリットモジュール      │  │
│  ╰───────────────────────────────╯  │
└─────────────────────────────────────┘

┌─────────────────────────────────────┐
│  ╭───────────────────────────────╮  │
│  │                               │  │
│  │     コンセプトモジュール       │  │
│  │                               │  │
│  ╰───────────────────────────────╯  │
│  ╭──────────────╮                   │
│  │ プランモジュール│                │
│  ╰──────────────╯ ╭──────────╮     │
│                   ╰──────────╯     │
└─────────────────────────────────────┘

┌─────────────────────────────────────┐
│ 予算                                │
│ ┌───┬───┬───┬───┬───┐              │
│ ├───┼───┼───┼───┼───┤              │
│ ├───┼───┼───┼───┼───┤              │
│ └───┴───┴───┴───┴───┘              │
│         クロージングモジュール       │
│ スケジュール                         │
│   ▶   ▶   ▶                        │
└─────────────────────────────────────┘
```

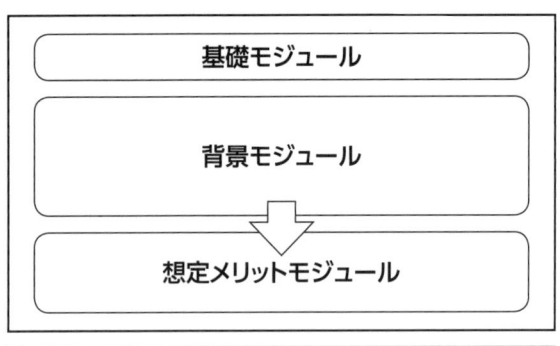

図23 汎用3枚企画書

コンセプトモジュール（企画をひと言で述べると）
想定メリットモジュール
（具体的な）プランモジュール（企画全体・訴求したいポイント）

・2P目
背景モジュール（データなどの資料）

・3P目
クロージングモジュール（スケジュール・予算）

こちらは、最初のページで商品・サービスの訴求などを行い、その後で、「どうしてこの企画を考えたか」の背景部分をフォローする構成です。重要なことは先出しで、スピード感豊かに提案します（図24）。

```
┌─────────────────────────────────────┐
│  ┌───────────────────────────────┐  │
│  │        基礎モジュール          │  │
│  └───────────────────────────────┘  │
│  ┌───────────────────────────────┐  │
│  │      コンセプトモジュール       │  │
│  └───────────────┬───────────────┘  │
│                  ▽                  │
│  ┌───────────────────────────────┐  │
│  │     想定メリットモジュール      │  │
│  └───────────────────────────────┘  │
└─────────────────────────────────────┘

┌─────────────────────────────────────┐
│  ┌───────────────────────────────┐  │
│  │                               │  │
│  │        背景モジュール          │  │
│  │                               │  │
│  └───────────────────────────────┘  │
│        [棒グラフ]    [積上げ棒グラフ]  │
└─────────────────────────────────────┘

┌─────────────────────────────────────┐
│ 予算                                 │
│ ┌───┬───┬───┬───┬───┐               │
│ ├───┼───┼───┼───┼───┤               │
│ ├───┼───┼───┼───┼───┤               │
│ └───┴───┴───┴───┴───┘               │
│         クロージングモジュール         │
│ スケジュール                          │
│ ┌─────┬─────┬─────┐                 │
│ │ ━━▶ │ ━━▶ │━━━━▶│                 │
│ │ ━━▶ │     │     │                 │
│ └─────┴─────┴─────┘                 │
└─────────────────────────────────────┘
```

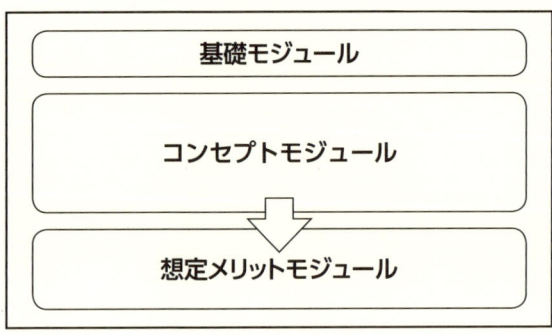

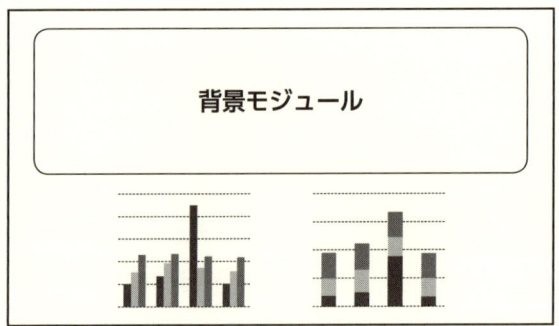

図24 営業提案向け3枚企画書

6章

シンプル企画書「モジュール別」作成のヒント

１ 「基礎モジュール」作成のヒント

▼▼ 必要事項をきちんと示す

ここまで、「モジュール」の構成について主に述べてきましたが、それぞれのモジュールをどうやってつくっていくのか、という説明もしなければなりません。そのポイントについて、ここから述べさせていただきます。

そこで、1枚企画書などで説明した「モジュール」について、それぞれどう書いていけばいいのか、詳しい説明をしていきましょう。まずは、最初につくるべき「基礎モジュール」に盛り込むべき内容は次の通りです。

- 先方の名前
- 提案内容（タイトル）
- キャッチコピー
- 提案日時
- 提案者の名前

6章 シンプル企画書「モジュール別」作成のヒント

・企画骨子（まえがき）

ここで、「キャッチコピー」という項目に注目してください。タイトルだけでなく、興味を引くようなキャッチコピーをつけるのも有効な手段です。

ビジネス文書においては「重要な部分は先出し」という原則があります。大事なことはできるだけ先に述べるのです。とくに、聞き手の集中力が高いうちに大事なことを話してしまうほうが得策です。

加えて「タイトル」に工夫して、できるだけ先方の興味度を上げるのもひとつの手です。単に「○○のご提案」というタイトルでは芸がありません。私は、タイトルにキャッチコピーをつけて、「これはこういう企画です。御社にメリットがきっとあると思いますので、ぜひご検討ください」という姿勢を示します。

昔、『刑事コロンボ』というテレビドラマが人気を呼びました。このドラマでは、最初に犯人をバラしてしまうのです。視聴者は、その犯人がどうやって逃げおおせるか、あるいは捕まるのかをハラハラしながら見ていました。それゆえ私は、表紙で企画内容をある程度バラしてしまうことを「コロンボ方式」と言っています。

▼▼「企画骨子（まえがき）」はこうつくる――その①

1枚企画書ではスペースに限りがありますが、3枚企画書などでは、「基礎モジュール」

```
・先方の名前
・提案内容(タイトル)
・キャッチコピー
・提案日時
・提案者の名前
・**企画骨子(まえがき)**
```

↓

多少主観的でも企画にかける想いや熱意を示す

図25 「基礎モジュール」のつくり方

の部分に「**企画骨子（まえがき）**」を入れてもいいでしょう。「企画骨子（まえがき）」で企画の全容を言い切ってしまいます。比較的自由に、企画者の想いを述べていいパートだと思います。ぜひとも、読み手の心を揺さぶるような「企画骨子（まえがき）」をつくりましょう。

複数枚企画書では「まえがき」にあたる部分ですが、1枚企画書ではそれほどスペースの余裕はありません。コンパクトに企画の骨子を述べましょう。もちろん、スペースに余裕があれば「まえがき」としても構いません。分厚い企画書が好きな人は、「大事なことは企画書の最後に持ってくるべきだ」というスタイルをよしとする傾向があります。論理やデータを積み上げていき、最後に「だから、こんな企画が生まれました」というクライマックスを持ってくるのです。むろん、それで相手を説得できれば、いっこうに構いません。

ただしその場合は、綿密な論理構成、しっかりしたデータの分析はもちろん、相手を飽きさせず引っ張っていくような文章力や表現力、そしてプレゼンテーションの実力がなくてはなりません。

学会の発表や、企画書の優劣を競うコンテストに出すのならまだしも、企画書をつくりはじめたばかりのビジネスパーソンがビジネスの場で使う企画書は、「重要なことは先出し」でいいでしょう。

▼▼「企画骨子（まえがき）」はこうつくる──その②

私が、プレゼンの「つかみ」でよく使うのが「自分の個人的な体験談」です。先方、つまり聞き手は「個人的な体験談」をけっこう聞いてくれます。

「個人的にこういう体験をしました。そんな体験から、こんなサービスがあると両親をもっと喜ばせられるのにと考えました。ここが、新しく提案するサービスのヒントになったのです。それでは……」

などと言って、本論に入っていくのですが、これがけっこううまくいくことが多いのです。「企画骨子（まえがき）」のところには、そういう読み手を引きつけるストーリーを取り込むと効果的でしょう。

② 「コンセプトモジュール」作成のヒント

▼▼ 「目的」はこうつくる

「基礎モジュール」の次に提示するのは「コンセプトモジュール」です。ここは、「目的」と「コンセプト」で構成するといいでしょう。

まず「目的」では、企画書の目指すところを述べて、先方に確認を取ってもらうパートです。ここは、いかにオリエンテーションから先方の意図を正確に汲み取って、その意図に沿ったプレゼン方針を立てたかが問われます。ここでつまずくとアウトです。言葉を換えて言えば、「確認」のページなのです。「目的はこういうことでよかったですよね。よろしければ、その解決策を提案させていただきます」ということです。つまり、相手からオリエンテーションを受けたなら、そのアンサーとなる部分です。当然ですが、ここが相手と食い違っていると、もうプレゼンになりません。

オリエンテーションを受けず、自主的にプレゼンするための企画書をつくる場合でも、「目的」の部分がピンボケだったら、どう転んでも不成功です。

「目的」のページをつくるために、考え込んだりする必要はありません。先方が望むことを書いて確認すればいいのです。ですから、整理すると次のようなことがポイントとなります。

- 事前のヒアリングに基づいて、先方が望むものをきちんと示す
- ごちゃごちゃ書く必要はなく、シンプルに示す
- 「この目的でいいですよね?」という確認作業

そして「目的」の部分の大きな役割は、下記の流れの中の「ブリッジ」の役目にあたるところです。

● **[背景]⇩[目的]⇩[コンセプト]**

実は、「背景」⇩「目的」⇩「コンセプト」の段階こそが「企画の前提部分」です。ここに「企画骨子」を加えると、

● **[企画骨子]⇩[目的]⇩[コンセプト]⇩[背景]**

という「企画書の背骨」になります。この流れがうまくまとまれば、企画書が「通る確率」は大きく上がります。その流れを具体的に述べましょう。

0)「企画骨子」
　提案のあらましはこうです(骨子)

1)「目的」

そちらが望むのはこういうことですよね？（確認）

2）「コンセプト」
その解決のために、こんな企画を考えました（概要の提示）

3）「背景」（「データ・裏づけ資料」）
そう言えるのは、こういう状況があるからです（なるべく客観的に）

この「企画書の背骨部分」をつくることにパワーを費やすべきだし、ここができれば、あとはそんなに手間はかからないはずです。

▼▼ 「コンセプト」はこうつくる

企画書、つまり「企画」のメイン部分です。「コンセプト」という言葉をあてていますが、実際のプランを相手に説明するために、わかりやすくまとめたものです。つまり、**この企画はひとことで言うとこういうことです**というものです。

企画を提案するうえで大事なこととは「切り口」、あるいは「発想」の鋭さ、おもしろさです。そして、その「切り口」、あるいは「発想」の鋭さ、おもしろさを「物語」として先方に伝えるのが、この「コンセプト」のパートです。

「物語」として伝えることができれば、相手への訴求力はかなり高くなるはずです。「物語」と言っても、つれづれに思いのまま小説のように書くということではありません。

```
┌─────────────────────┐
│      目　的         │
└─────────────────────┘
         ▼
・先方が望むものをきちんと示す
・シンプルに示す
・「この目的でいいですよね?」という確認作業

┌─────────────────────┐
│    コンセプト       │
└─────────────────────┘
         ▼
・「この企画は、ひとことで言うとこういうことです」
```

図26 「コンセプトモジュール」のつくり方

それは、「①先方（クライアント）のターゲット顧客の利用シーンが見えるようにすること」です。

つまり、「コンセプト」で提案したいことは「①先方（クライアント）のターゲット顧客の利用シーン」で、「②そのターゲット顧客が、先方の商品やサービスを利用して喜ぶ姿が見えること」に集約されていると言っても過言ではありません。

さらに、「③そのターゲット顧客がリピーターになる様子」まで描ければ言うことなしです。これは、どの業界でもおおむね当てはまることです。

これらの流れは「クライアント成功イメージ」に他なりません。その「成功イメージ」を表現することが「物語」なのです。

①先方（クライアント）のターゲット顧客の利

用シーンが見えるようにすること
② そのターゲット顧客が、先方の商品やサービスを利用して喜ぶ姿が見えること
③ そのターゲット顧客がリピーターになる様子

その「物語」については、通常は文章で表現しますが、「図解」や「イラスト」などで表現してもいいでしょう。私は、究極の企画書スタイルは「映画」をつくって見せることだと思います。企画書に、ショートムービーや静止画ムービーを組み入れるとたいへん訴求力が上がるのです。このことは、本書の後半で紹介することにします。

③ 「背景モジュール」作成のヒント

▼▼ 資料を探すにはこうする

「コンセプトモジュール」の次に、「どうして、そんな企画を考えたのか？」という「背景モジュール」に移ります。「背景」は、どうしてこの企画を提案するのか、に説得力を持たせる部分です。できるだけ、論理的に説明したほうが効果的なため、「裏づけ」になるデータや資料を用いるべきです。そのデータや資料が、正確であるほど説得力が増します。「どうして、こういう企画を提案しようと思い至ったのか」という理由を客観的に示すのが、ここの「背景」部分です。

「背景」に、データや調査資料などをひとまとめに書いてもいいし、データや資料の部分が多ければ分けてもいいでしょう。

その「裏づけ資料に用いられるもの」は主に次のようなものですが、どんな場合にも必ず、「データの出所（でどころ）」を明記すべきです。

使えるデータは、次のような所から探すことができるでしょう。

① **官公庁・学会発表資料など、信頼すべき筋のデータから探す**

これは、オープンデータとして白書やホームページから入手することが可能です。ただし、あまりにも膨大なため、拾い出すのにけっこう手間がかかります。とはいえ、信頼のおけるデータだし、自由に利用できるのでいくつか挙げておきます。(注：URLは2011年2月時点のもの)

● 総務省統計局ホームページ
http://www.stat.go.jp/

● 独立行政法人統計センター（政府統計の総合窓口）
http://www.nstac.go.jp/

● 内閣府　世論調査
http://www8.cao.go.jp/survey/

② **民間の会社の調査データから探す**

これも「使いで」のあるデータです。ただし、有料で求める場合が多いためコストがかかります。とくに、シンクタンクなどの有料データは、びっくりするほど高額であることが少なくありません。

私は、金融機関や保険会社が定期的に行っているアンケートをよく使います。申し込めば譲ってもらえる場合もありますが、時間がかかるのが難点です。だいたい、「すぐほしい」

資 料

- インターネット(官公庁など)
- 有料調査資料(民間)
- 新聞・雑誌記事
- ホームページ・ブログ
- 図書館　etc.

提案の背景として効果的と思えるデータ、記事などを簡潔にまとめる。考察を付記して、どうしてこの企画がいいのかを関連づけて説明

図27　「背景モジュール」のつくり方

という状況で探すことが多いからです。

③ **新聞記事・雑誌記事データベースから探す**

これは、インターネットでアクセスできます。

私は「日経BP記事検索サービス」や「新聞・雑誌記事横断検索」などをよく使います。

● 日経BP記事検索サービス

● 新聞・雑誌記事横断検索(ニフティのURL。http://www.nifty.com/RXCN/

その他でもアクセス可能)

http://bizboard.nikkeibp.co.jp/kijiken/

④ **ホームページやブログで探す**

これも、Googleなどを使えばスピーディーにいろいろな資料にアクセスすることができます。ただし、アクセスするまではいいのですが、それが個人のホームページやブログだった場合、データとして信用していいか疑ったほうがいいでしょう。

⑤ **図書館で、①〜④などの統計資料を探す**

ひと手間かかりますが、公共の図書館の「統計資料」コーナーに行くと、上記の政府発表の統計資料や白書、民間の意識調査などの調査資料がかなり充実しています。各図書館の蔵書は、たいがいインターネットで検索することができるし、「カーリル」のような図書館の蔵書検索サイトもあります。

● 国立国会図書館蔵書検索
http://opac.ndl.go.jp/

● 日本最大の図書館検索サイトカーリル
http://calil.jp/

▼▼ わかりやすい「背景」のつくり方

どのような企画内容においても、相手に納得してもらうためには、「自分の思い込みではなく、実際にこういう傾向が見られます」という説明が必要なことは言うまでもありません。

さて、そうして収集した資料を活用したいものですが、「背景」のスライドをつくるときには、次のような流れが効果的です。

（1）**提案の背景として効果的と思えるデータ、記事などを簡潔にまとめてポイントを述べ**

る（3つぐらいにまとめるといい）

（2）それに関して考察を付記して、どうしてこの企画がいいのかを関連づけて説明する

（1）は、必要であればグラフなどを使います。しかし、あまり細かい内容の資料になるようなら、別紙に「資料」としてまとめ、このスライド1枚に集約したほうが「シンプル企画書」として有効です。

④ 「プランモジュール」作成のヒント

▶▶ 「実施プラン」はこうつくる

「コンセプトモジュール」は「こんなイメージでやりたい」と、全体像を相手に見せるパートですが、「具体的にはこう進めます」と説明するのが、「プランモジュール」のパートです。**コンセプト**が**総論**なら、ここからは**各論**と言ってもいいでしょう。

「コンセプト」の部分で、「こういう企画を考えました」と述べたことを受けて、「具体的にどのように実施するのかを説明します」というのが、ここからのパートです。

「プランモジュール」は大切な部分ではありますが、ここからの「実施案」「実施スキーム（要件や組織図・体制）」というのは、提案先の反応や決定予算などで、変更が加えられることが多い部分でもあります。あまり時間をかけて、凝ってつくるより、次のポイントに気を配りながら、スピード感をもって作業をすることが、「シンプル企画書」をつくるための姿勢です。

[ポイント①]「企画書の背骨」にそった内容にしよう

企画書の背骨とは「背景」、「目的」、そして「コンセプト」です。そう書くと、むずかしく感じられるかもしれないので、事例を挙げてみます。

・背景
「今、こんな風潮、こういう業界の傾向があるようです」

・目的
「そんな業界の傾向が見られる中で、われわれは、新製品Xを何としても●●百万個販売しなくてはなりません」

・コンセプト
「ですから、新商品Xは『シニアの恋愛シーン』をコンセプトに販売促進をかけましょう」

このような、「企画書の背骨」に沿って、「プランモジュール」をつくるのです。

たとえば、「シニアに人気のアーティストを起用する」、「シニアの聖地と呼ばれるような場所でイベントを行なう」などのプランが考えられます。そのプランを、できるだけ魅力的に記載することになります。

[ポイント②]現実的だけど、ひとひねりした内容にしよう

まず、実現可能な実施案であるべきです。しかし、企画書は当然他社と比較されるものですし、通りいっぺんの内容でも通りません。限られた予算規模の中で、「ひとひねりしたプラン」を立てるよう心がけましょう。「ひとひねり」とは、視点を少し変えることです。

あるいは順番を変えたり、サイズを変えるだけで、まったく印象が違うものになります。

たとえば、前述の事例だと、

「シニアの聖地と言われる、巣鴨のとげ抜き地蔵でプロモーションを行いましょう」と言っても、「ああ、ふつうの企画だね」と言われるでしょう。もちろん、それが悪いと言いませんが、たとえば、「巣鴨」という固定観念を外したら？

「横浜に、新しいシニアの聖地をつくりましょう。それは、おしゃれなシニア世代の新しい聖地としてプロデュースし、その話題性とともに、わが社の新製品Xを販売するのです」

などと「ひとひねり」を加えると、企画書の魅力度が上がります。

【ポイント③】具体的に、「いつ、何をするのか」を落としていこう

プランモジュールは、企画を実施するための指示書であるべきです。ですから、「いつ、何をするのか」が理解しやすいように述べましょう。

先ほどの「新商品X」の販売促進の企画を事例として、具体的に記してみましょう。これらを全部記する必要はありませんが、典型的な例として参考にしてください。

（１）新商品Xのイベント「横浜新浪漫」を、横浜●●商店街にて実施

・新商品X発売月前月から、キャンペーンをスタートします。
・横浜●●商店街に、「横浜新浪漫カフェ」オープン。試供品を配布いたします。

(2)「横浜新浪漫」ブランドイメージを決定

- ロゴデザイン、キャッチコピーなどを決定
- そうして、その使い方（色や大きさなど）にルールを決めます。

(3)「横浜新浪漫」の広報体制を決定

- 社内の広報部と確認して、社内外への発表時期を調整・決定します。
- 自社のホームページなどへの掲載内容と時期を調整・決定します。
- ツイッターなど、ソーシャルメディアの利用の仕方を決めます。
- 社内での盛り上げを演出するために『インナー・キャンペーン』を行い、社内関係者にメッセージを送ります。

(4)「横浜新浪漫」の宣伝・販売促進体制を決定

- イベント2ヶ月前から、ターゲット媒体で宣伝を行います。
- ポスター、パンフレットを作成し、販売店、また横浜●●商店街で掲示をします。
- 新商品X専用サイトを設けて、告知・宣伝・問い合わせなどに活用します。
- 「横浜新浪漫倶楽部」を創設して、専用サイト、ハガキ、電話などで参加申込を受け付けます。倶楽部加入の方には特典▲▲を差し上げます。

▼▼「実施スキーム」はこうつくる

「実施案」で述べた内容を、さらに具体的に落としていくパートです。これも、1枚企画書でスペースがないときには別紙にしたほうがいいでしょう。「組織図」「体制図」などがこれにあたります。これについては、図28をご覧ください。組織図・体制図ではなく、誰がどんな役目をはたすのか、フォーメーション図で示してもいいでしょう（図29参照）。これらの図はぜひ入れたいところですが、1枚企画書ではスペースに限りがあるため割愛するか、別紙で示してもいいでしょう。

① 組織図・体制図

上位の責任者から担当者までレベルを変えて、図形の「長方形」と「罫線」の組み合わせで作成していきます。PowerPointやExcelなどには組織図を作成する専門機能があるので、それを利用してもいいでしょう。

② フォーメーション図

これは、組織図よりもう少しフリーハンドで、全体の業務分担をあらわすものです。やはり、「長方形」と「罫線」「矢印」を利用して作成しますが、とくに「エンドユーザー」などをあらわすものは楕円形を用いることが多いようです。

6章 シンプル企画書「モジュール別」作成のヒント

```
          ┌──────────────────┐
          │ プロジェクト責任者 │
          │    営業本部長     │
          └──────────────────┘
                   │
      ┌────────────┤
      │            │
  ┌───────┐        │
  │ 事務局 │        │
  │経営企画室│      │
  └───────┘        │
      ┌────────────┼────────────┐
      │            │            │
  ┌────────┐  ┌────────┐  ┌────────┐
  │イベント担当│  │渉外担当 │  │広報担当 │
  │ 営業2課  │  │ 営業3課 │  │  外注  │
  └────────┘  └────────┘  └────────┘
```

図28 組織図・体制図

```
 ┌ ─ ─ ─ ─ ─ ─ ─ ┐        ┌─────────┐
 │ ┌──────┐       │───────▶│パブリック│
 │ │戦略本部│      │         │リレーション│
 │ └──────┘      │         └─────────┘
 │    ▲          │         ┌─────────┐
 │    │          │───────▶│ イベント │
 │ ┌──────┐       │         └─────────┘
 │ │ 分 析 │      │         ┌─────────┐        ┌──┐        ┌──────┐
 │ └──────┘      │───────▶│  広 告  │        │認│        │エンド│
 │    ▲          │         └─────────┘        │知│        │ユー  │
 │    │          │                            │度│        │ザー  │
 │ ┌──────┐       │         ┌─────────┐        │ア│        └──────┘
 │ │会員DB│◀═════╪═════════│Webサイト│◀───────│ップ│◀─────────
 │ └──────┘       │         └─────────┘        └──┘
 └ ─ ─ ─ ─ ─ ─ ─ ┘
```

図29 フォーメーション図

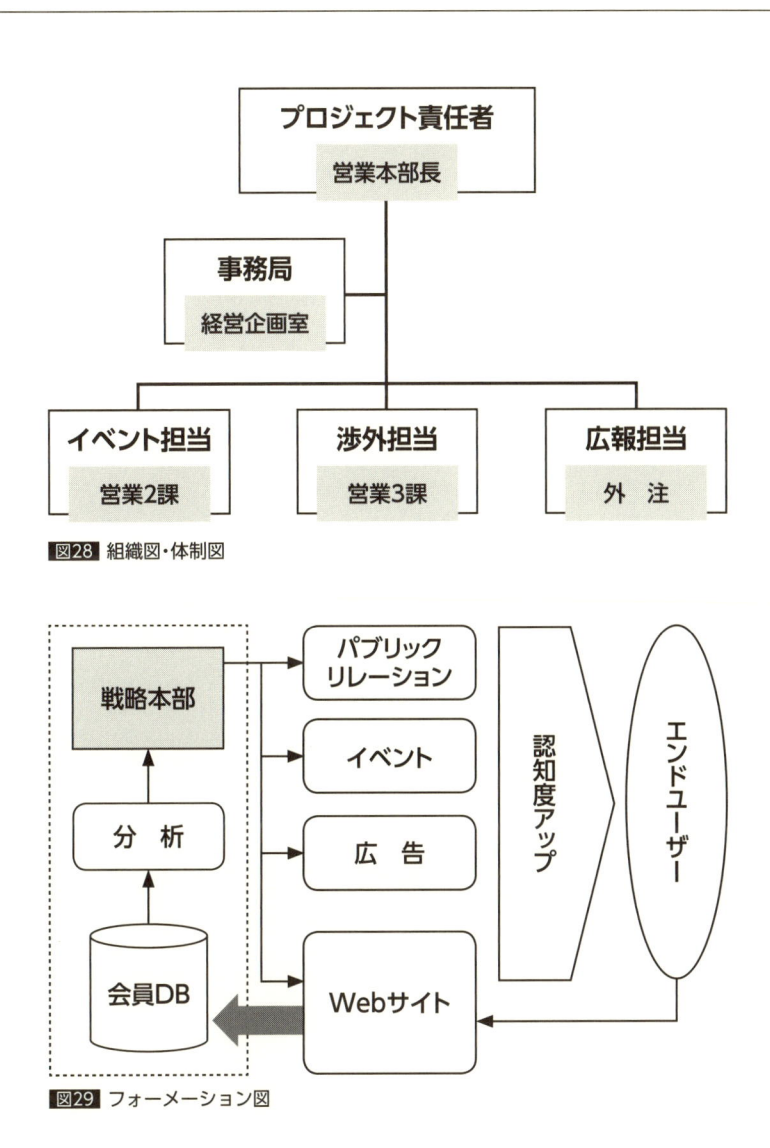

また、実態が不明確なもの、たとえば「クラウドコンピューティング・ネットワーク」のようなものは「雲形」を使うといいでしょう。

⑤ 「想定メリットモジュール」作成のヒント

▼▼「想定メリット」はキャッチコピーで

提案相手が企画書を採用するかどうか、その大きな鍵になるのが「その企画はどんなメリットがあるのか」ということです。「シンプル企画書」においては、短いキャッチコピーでインパクト強く述べるのがよいでしょう。図30のように「ブロック文字」を活用して、大きな文字で、くっきりとした太文字で訴求するのがよいでしょう。

いくつか訴求したいことがあれば、3つにまとめて打ち出しましょう。3つ以上は散漫になってしまうため、なるべく主要なものを3つにまとめて、その他は「その他」としてまとめておくとよいでしょう。

▼▼ビフォー&アフターで見せる

「想定メリットをキャッチコピーで」と言うと、「自分にはコピーの才能がなくて」とおっしゃる方も少なくありません。そうした人に勧めたい想定メリットの表現の仕方は、「ビ

フォー&アフター」で想定メリットを表現することがあります。

テレビ番組で、家のリフォームの様子を見せるものがあります。テレビ朝日系列で放映されている『大改造!! 劇的ビフォーアフター』です。あの番組は、「今までこんな状態だった」ということを最初にきっちり見せることによって、リフォーム後の様子が、より引き立つのです。ですから、想定メリットも、前後の比較で表現するのです。

- **今までは○○でしたが、△△に変わります!**
- **100だった売上が150まで伸びます!**
- **100かかっていたコストを50にします!**

などと、前後の変化を明確に表現すると、力強い企画書になるはずです。

▼▼ さらに魅力的に示す

これは本来、「予算」のところで示すクロージングテクニックなのですが、「想定メリット」をさらに魅力的に見せるために、「今月末まで」などの「限定感」を加えると、効果が期待できます。「限定感」=「あなただけ」「今だけ」は、どんな場合にでも使えるテクニックですが、想定メリットに次のような条件を加えるのもいいでしょう。

（1）「小さなOKをもらう」

「今回はこれだけのサービスをご提供いたします。これ全部を積算したら、大きな金額

> 今までは○○でしたが、△△に変わります！

> 100だった売上が150まで伸びます！

> 100かかっていたコストを50にします！

ビフォー＆アフターをしっかり見せる

図30 「想定メリットモジュール」のつくり方

になってしまいます。しかし、今回ははじめてのお付き合いなので、これだけでけっこうです」と非常に小さな金額を提示して、OKを取り付けます。

この策は、当然社内での事前ネゴシエーションが求められるし、それほどの利益が得られないなどの覚悟が必要ですが、優良で競合相手の多い取引先に何としても「取引口座」を開いてもらうための作戦です。

付け加えると、この「小さなOKをもらう」というのは、私が所属するような小さな会社が大きな企業と新しく取引するときに心に置いていることです。まず口座を開いて、小さな仕事からコツコツこなしていくと、大きな提案に恵まれることが多いのです。いきなり、夢のような大きなプレゼンに恵まれることはほとんどありません。

もちろん、組織的に提案するような人たちは、

勝手に目標を下げたりすることはできないでしょう。企画書をつくって相手に提案するとき、どこまで妥協すべきか、すべきでないか、ゴールイメージを共有しておくことが大切です。

(2)「いろいろなオプションが選べる・ついてくる」

「今回は、このサービスを提供いたします。貴社にはこれだけのメリットがあります。さらに貴社のメリットを考えるなら、プラスAプランとBプランもあります。基本プランだけでも、十分に貴社にメリットがあると思いますが、貴社で好きなプランを組み合わせることが可能です」

私は、この策が実践的だと考えています。基本的な実施予算を低く提示して、いくつかのオプションを示し、その組み合わせによる予算を数通り出します。また、「この基本的な予算をいただければ、これらのオプションが安価で選べます」などと提示するのも作戦として可能でしょう。

6 「クロージングモジュール」作成のヒント

▼▼ 「スケジュール」はこうつくる

「スケジュール」は企画書における必須事項です。しかし、企画が通るかどうかはわからないし、先方のOKがいつ出るのかもわかりません。ですから、本来はっきりとしたスケジュールを書くのはむずかしいことなのです。それでも、スケジュールのあらましがわからないと、提案先は答えようがありません。なので、実際は「ラフスケジュール」になります。1枚企画書では、スペースの都合もあるため、図解で簡単に示しても大丈夫です。まだどうなるかもわからないのですから、次の要素を含んでいれば、図31のように、「箱矢印」などを使って示せばいいでしょう。

（1）いつまでに返事をいただければ実施可能かということ
（2）その場合、どれぐらいの期間までに実施可能なのかということ

提案内容によっては、詳しくスケジュールを記載する場合があります。たとえば、大きなキャンペーンなどでは、同時に、別々のスケジュールが進行するのが普通です。そうし

た場合は、まず「表組み」を作成します。そして、「表組み」の横軸を「時間の経過」と決めて、矢印で示すとわかりやすくなります。

つまり、図32のようにつくることができます。Excelで作成してもいいし、PowerPointでも簡単につくることができます。こういった図を「線表」と言いますが、企画書上のスペースをとるので、別紙にしてもいいでしょう。

▶▶ 「予算」はこうつくる

クロージングモジュールの中で、大きな役割をはたすのが「予算」です。つまり、「見積り」を提示することになります。「見積り」とは、項目ごとに、どれくらいの金額が必要で、合計どれぐらいかかるかを試算したもので、一般のビジネスパーソンであれば、ほとんどの方が触れているものです。

しかし、詳細な見積りが必要かというと、シンプル企画書においてはそうではありません。ポイントを、2点述べさせていただきます。

(1) ひと目で予算総額が把握できること
(2) 「クロージング」を意識した予算の見せ方にすること

(1) ひと目で予算総額が把握できること

これはわかるでしょう。予算の総額を記載して、詳細な見積書は別紙にして提出すれば

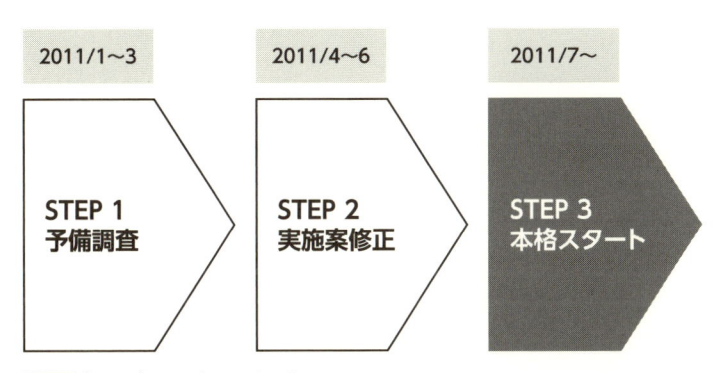

6章 シンプル企画書「モジュール別」作成のヒント

図31 「スケジュール」のつくり方

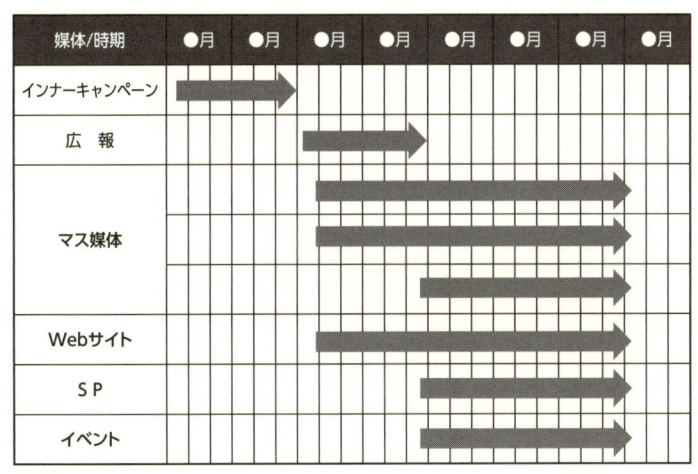

図32 詳しい「スケジュール」のつくり方

いいのです。私の場合は、Excelで見積書を作成して別に出すことが少なくありません。

（2）「クロージング」を意識した予算の見せ方にすること

これは、少しイメージがしにくいかもしれません。営業を経験された方ならおわかりかと思いますが、金額を述べるときには細心の注意が必要です。それまで、どんなに企画書の内容がよくても、金額が合わなければ通ることはありません。まさに、「予算」を説明するときが、クロージングという活動の山場でもあるわけです。

たとえば、新商品Xのキャンペーンに5000万円かかるとします。あなたが、広告代理店の営業マンだとして、どうやって、その金額を伝えますか？

通常であれば、

「これとこれに、これだけお金がかかって、全部合わせると5000万円になりました」

と述べることになります。そうすると、

「高い！　他をあたる！」

と言われることも少なくありません。そこで、「予算」を出すときに「限定感」を加えると、以下のようになります。

「弊社の決算は3月末です。もし、3月末までにお返事をいただければ、この価格の20%を値下げすることができます」

「今回、貴社とははじめてのお取引につき、貴社だけに特別価格として20％値下げの金

額をご提供させていただきます」

「この予算5000万円で、弊社のデザイナーを貴社に一人専従させてチームを結成します」

10分で決める企画書の肝は、クロージングと言っても過言ではありません。10分でオーケーをもらうためにも、予算の示し方には工夫を加えたいものです。

実戦的には、見積書はExcelで別につくり、大まかな予算だけを提示するという方法がよく取られています。

7 「課題」はこうつくる

▶▶ ハードルについて正直に述べる

「予算」、「スケジュール」で、企画書の中の重要なパートは終わりましたが、「課題」を提示しておくと、より誠実な企画書と思われるはずです。よいことばかりを言うのではなく正直に、「この企画の実施にはこのような課題があるので、それを解決する必要があります」と述べて、それに対する「打ち手」をあげておくことです。

「新商品Xのキャンペーンについてですが、課題があります」
「どんな課題ですか?」
「実は、実施する場所に、市の許可を得なくてはならない施設が含まれているため、それをクリアしなくてはなりません」
「その条件は、どうすればクリアできるのですか?」
「はい、それについては、市役所からいただいた資料がここにありまして……。ただし、ここに貴社に協力していただく事項があります」

(1) 企画の実施に、何らかのリスクや障害が想定できるとき

(2) 法改正など、社会的条件の変化が予測されるとき

(3) 想定した業者、あるいはキャラクタータレントなどが手配できないとき

⬇

オプション・打ち手を提示しておく

図33 「課題」のつくり方

という具合に、「課題はあるが、打ち手はあります」、「一緒に解決を図りたいと考えます」と真摯に伝えればよいでしょう。

▼**よく出てくる3つの課題と「打ち手」**

よく出てくる課題として、次のようなものがあります。

（1）企画の実施に、何らかのリスク・障害が想定できるとき

（2）法改正など、社会的条件の変化が予測されるとき

（3）想定した業者、あるいはキャラクタータレントなどが手配できないとき

（3）は少し意味合いが違いますが、ここであげておきましょう。

（1）企画の実施に、何らかのリスク・障害が想

定できるとき

たとえば、気候条件が企画に関わってくるとしたら、荒天時の対策、施設工事の延期などのリスクを織り込んでおかなくてはなりません。もちろん、それらに対する「打ち手」も考えておくべきです。保険なども検討されます。

(2) 法改正など、社会的条件の変化が予測されるとき

法改正があって、その企画自体に影響がある場合、あるいは企画を実施するために、何らかの法的根拠や公的な資格が必要な場合などは、その旨を挙げておくべきでしょう。

たとえば、個人情報保護法の施行時には、このようなやり取りがありました。

「ダイレクトメールを決まった層に送り、顧客候補のリストを集めましょう」

「その場合、個人情報の扱いはどうするのですか?」

「はい、今回使うダイレクトメール業者と弊社は、プライバシーマークを取得しています」

この場合は、プライバシーマークの取得業者が「打ち手」だったわけです。

(3) 想定した業者、あるいはキャラクタータレントなどが手配できないとき

これは課題というより、「事故」と言えるような内容です。企画を立てる側としては考えたくない話ですが、代替案などを考えておき、先方にも伝えたほうがいいでしょう。

これらの「課題」に関することは、シンプル企画書においては、スペースを大きく割くほど重要なことではありません。

また、とくに工夫して表現する必要もありません。課題を列挙して、「打ち手」を相手と共有することが大切です。

なぜ、「課題」を述べるのかと言うと、ひとえに、提案先の「立場」を考えてのことです。自分が提案先の立場に立って、プレゼンを受けて企画書を読む立場になったと考えてみてください。大きな金額を決裁するわけですから、「失敗は許されない」と思うのが普通でしょう。そんな先方の立場に立てば、いろいろなリスクは、先に丁寧に説明しておいてもらいたい、と考えるはずです。

また、提案を受けた先方が、そのまま決裁してOKとならないことが多いものです。役員に説明したり、株主に説明する必要があるかもしれません。そんなときに、「課題」やリスクはきちんと共有しておくことが大切だし、そうすることで誠実な態度と思われるはずです。

8 「おわりに」はこうつくる

▼▼ 感謝の気持ちと連絡先の掲示

「おわりに」も、「課題」と同じように、重要なパートではないためシンプル企画書、とくに1枚企画書においては省いてもよいパートです。

しかし、3枚企画書など、複数ページで構成される企画書、また営業・セールス目的で作成する企画書においては、「感謝の気持ち」と「連絡先の掲示」という二つの目的で、「おわりに」の部分を作成するといいでしょう。

「まえがき」に対応するものとして、「おわりに」があります。「まえがき」は、多少主観的になってもいいのですが、「おわりに」も、「お礼」、「取り組む姿勢」などを盛り込んで、企画書の最後、提案を締めくくります。

とくに、入れたらよいと思われる要素を挙げておきます。

（1）プレゼンの機会を与えてくれたことに対するお礼
（2）企画を採用いただければ、全力を尽くすという姿勢

(3) 一部変更など、企画に対するどのような相談にも応じるという姿勢
(4) この企画に記していないことなど、どのような相談にも応じるという姿勢
(5) 事務的な事項
・提案者への連絡先
・提案者の所属組織
・共同で企画書作成に関わったスタッフの紹介（顔写真など添えるのも印象的）

これらを丁寧に述べるといいのですが、3枚企画書であったとしても、そんなにスペースを取ることができないし、すべて盛り込むことはむずかしいでしょう。しかし、それでもこれらの事項を、短くてもいいから、「おわりに」として記しておくことは意味があります。それはなぜでしょうか?

▼▼ 企画書は相手に渡す手紙と同じ

企画書は、提案に使うものです。提案というのは、英語で「Ｐｒｏｐｏｓａｌ（プロポーザル）」と言います。つまりプロポーズとは、提案することだったのです。
相手にプロポーズするとき、手紙を書くとしたら、最後の言葉、結びにはとくに気を遣うはずです。
企画書を提案先に見せるとき、相手の集中力がどんどん落ちていくのがわかります。15

(1) プレゼンの機会を与えてくれたことに対するお礼

(2) 企画を採用していただければ、
　　全力を尽くすという姿勢

(3) 一部変更など、企画に対するどのような相談
　　にも応じるという姿勢

(4) この企画書に記していないことも含め、
　　どのような相談にも応じるという姿勢

(5) 事務的な事項
　　(連絡先・所属組織・スタッフの紹介etc.)

図34 「おわりに」のつくり方

分ぐらい相手の集中力がもてばいいでしょう。これは経験していただくと、よくわかることです。

本書で「10分で決める」と標榜しているのは、そういう意味合いもあります。10分ぐらいで決めないと、相手の集中力が落ちてしまうのです。ですから、企画書の結びとして、最後に「お礼」と「姿勢」、そして「事務的な事柄」を提示して提案を終えることになるわけです。

▼▼企画書は提案先の社内をめぐる

そうして書いた「おわりに」は、もうひとつの効果が期待できます。企画書は、先方の担当者に渡された後、先方の社内をめぐります。そのときに、結びまで礼儀正しく企画書を作成したあなたの名前は、先方の誰かの記

憶に残るかもしれません。

もちろんその結果、残念なことに企画書が通らず、相手の「ファイルフォルダー」にしまわれてしまうことになるかもしれません。

しかし、いつか先方が、別の機会にあなたのことを思い出すことがあるかもしれません。

そのときに、きちんと連絡先が書いてあり、丁寧な態度を取っていれば、あなたに連絡が来るかもしれません。

「プレゼンして落ちたら終わりで、後はどうでもいいや」という働き方ではなく、「ぜひまた、私に提案の機会を与えてください」という態度でいたほうが、チャンスをつかむ確率が高くなります。

「おわりに」の部分は、企画書作成のテクニカルなことはほとんど必要ありません。先に挙げた内容が、シンプルに述べられていること。そして、その態度が誠実かつ丁寧であることを、「結び」に残すことが大切です。

9 10枚企画書への展開のヒント

▼ 1枚企画書や3枚企画書を、ボリュームのある企画書に転用するコツ

プレゼンの場では、場合によっては「紙」の企画書ではなく、プロジェクターで説明する必要が生じたり、ボリュームのある資料で提案してくれと要望されることもあります。

本書の「シンプル企画書」という意図からは少し離れますが、ここまでの説明で、1枚企画書や3枚企画書の作成のポイントをつかんだ人にとっては、そんな要望に応えることは造作もないことなので、そのコツを述べておきましょう。下記のモジュールを「バラして」、10枚ぐらいの企画書に再構成すればいいだけです。

(1) **基礎モジュール**
→ ① **表紙**（タイトル・日付・提案者の名前）
→ ② **まえがき**
(2) **コンセプトモジュール**
→ ⑤ **提案コンセプト**

6章 シンプル企画書「モジュール別」作成のヒント

```
                    ①表紙
          ┌───────────┼───────────┐
          ↓           ↓           ↓
      ②まえがき → ③背景 → ④目的
  連         │         │           │
  動         │         ↓           │
  ↕         └──→ ⑤提案コンセプト ←─┘
              
                    ↓
             ⑥具体的方策 → ⑦要件(or体制)
  連                │           │
  動                └─────┬─────┘
  ↕                      ↓
              ⑧想定効果(相手のメリット)
                    ↓
             ⑨スケジュール → ⑩予算
                    ↓           │
                 課 題 ‐‐‐‐→ おわりに
```

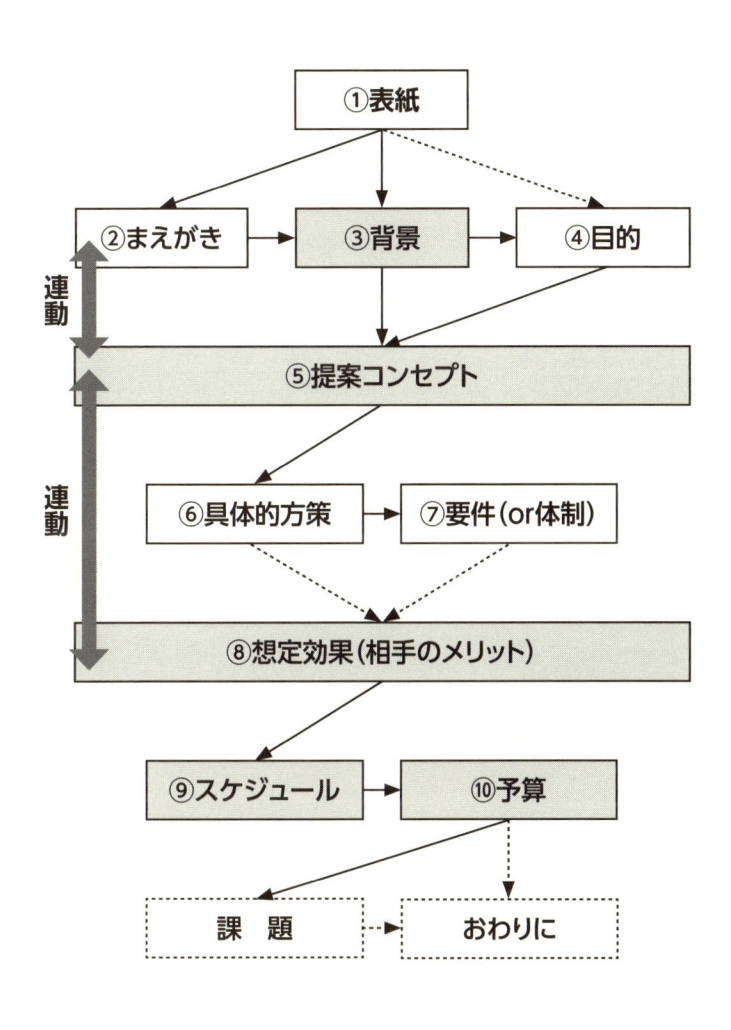

図35 10枚企画書への展開

(3) 背景モジュール
→③ 背景
(4) (具体的な) プランモジュール
→⑥ 具体的方策
→⑦ 要件 (or体制)
(5) 想定メリットモジュール
→⑧ 想定メリットモジュール
(6) クロージングモジュール
→⑨ 想定効果 (相手のメリット)
→⑨ スケジュール
→⑩ 予算
→ 課題
→ おわりに

それぞれのページ (スライドとも言います) に、右記のタイトルをひとつずつ書き込み、1ページ1テーマで構成すれば、すぐ10枚企画書 (右記の例では11枚企画書) が作成できます。

7章
企画書をつくる前に何を準備するか

① 企画書をつくるときに必要なツール（道具）

さて、ここまでは1枚企画書を中心に「どうつくるか？」というお話を中心に述べてきました。本章ではそもそも、企画書をつくろうとするとき、まず何が必要かということを述べたいと思います。大きくは2つあります。

▼▼ツールとシステムが必要

（1）ツール（道具）
（2）システム（企画を産み出す仕組み）

とくに大切なのは**（2）システム**です。本書に書いてある「企画書をつくる方法」も、企画自体が何も浮かんでこなければ役に立ちません。システムと言っても、パソコンやネットワークのことだけではなく、企画を思いつきやすくして、その考えたことを効率的に保存しておいて、必要なときに活かせるようにする「**自分なりの発想システム**」を持つことをおすすめします。

なぜかというと、われわれはみんな仕事が忙しく、まとまって企画を練る時間がないに

等しいからです。そうなると、仕事の合間、とくにスキマ時間を活用して、企画を考えなくてはなりません。「そのうち考えよう」とか「いざとなったら、徹夜して企画を立てよう」と思っても、まず無理です。システムとして企画を考えつくようにしておかないと、企画書のつくり方はわかっていても、企画書は書けません。

前置きはこれくらいにして、まずは「ツール」からお話ししましょう。

▼▼ 主なツール（道具）としてのハードウェア

- 方眼紙
- 付箋紙
- 手書き用の筆記具
- パソコン
- プリンター
- スキャナー
- ブロードバンド回線
- コピー（プリントアウト）用紙
- ブラックボード（大きめ）

「方眼紙」「付箋紙」は、1枚企画書作成のトレーニングでお話ししましたが、そのまま、

実際の企画書作成に用いてもかまいません。手書きのほうは、付箋紙で下書き代わりに1枚企画書の骨格をつくって、だいたい構成が固まったら、方眼紙に書き込んでいくといいでしょう。

それ以降は、説明の必要はないと思いますが、最後の「ブラックボード」について説明しておくと、1枚企画書を単にプリントして配るのではなく、ボードに貼り付けて出すと見やすい場合があります。

とくに、カラーでプリントアウトしたり写真などを用いた場合は、活用を考えてもいいでしょう。ブラックボードは、企画書だけでなく、写真をたくさん貼って提出するのにも向いています。

▼▼ 主なツール（道具）としてのソフトウェア

・PowerPoint／Excel／Wordなどの文書（ドキュメント）作成ソフト
・Google／Evernoteなどのクラウドサービス
・マインドマップ作成ソフト
・画像レタッチソフト

「PowerPoint／Excel／Word」については、説明の必要はないでしょう。念のため、これらの紹介サイトは次の通りです。

●**マイクロソフトOffice**
(http://office.microsoft.com/ja-jp/products/)

無料試用版もあるし、すでにPowerPointやExcelなどをお持ちの方には、無料のテンプレート（ひな形）も充実しているので活用するといいでしょう。

●**Googleドキュメント**
(http://www.google.co.jp)

「クラウドサービス」については、Googleの提供する「Googleドキュメント」のように無料で、しかも仲間と共有して文書を作成するサービスが提供されています。そのようなサービスを利用しても、全部自家製（自己所有）のソフトでつくるのとほぼ遜色のない企画書が作成できます。もちろん、印刷して提出することも可能ですし、PDFやPowerPointなどのファイルに書き出すことも可能ですから、活用するといいでしょう。

●**Freemind**
(http://www.freemind-club.com/)

●**XMind**
(http://www.xmind.net/)

「マインドマップ作成ソフト」も、1枚企画書の作成に向いたソフトウェアです。マイ

ンドマップについては本書で詳細は述べませんが、事象を論理的に整理していき、体系づけて、直感的に表現することにすぐれたツールです。これも、無料で提供されているものがあるので、活用するといいでしょう。

●Picasa
(http://picasa.google.co.jp/intl/ja/)

これは「画像レタッチソフト」ですが、企画書をパソコンで作成するとき、写真などの画像を加工したり、提案する画像データをきちんと保存して管理しておかなくてはならない場合があります。画像の編集には、「Photoshop」のような専門ソフトが有名ですが、画像編集と管理を同時に行う無料ソフトもあります。なかでも、Googleが提供している無料の写真管理・編集ソフト「Picasa」が便利なので、活用するといいでしょう。

このあたりのクラウドサービスを、企画書作成にどう使うかということについては、後述します。

② 企画を産み出すために必要なシステム(仕組み)

▼インプットなくしてアウトプットなし

企画書をつくるということは、「頭の中にある企画」を紙の上にまとめていき、相手にわかりやすく表現することに他なりません。企画自体がすぐれていてシャープであれば、10分で通す大きな決め手になるでしょう。

それでは、その「頭の中にある企画」とはどこから来るのでしょうか。企画書作成の前に、そこで引っかかる人も少なくないでしょう。どんな天才でも、ゼロの状態からいきなり頭の中に企画が浮かぶということは考えられません。必ず、「インプット」が元になっているはずです。

「インプット」とは、自分が見聞きしたり体験したものが記憶の中に積み重なっていったものです。そして、「頭の中にある企画」とは「アウトプット」です。正確に言えば、「アウトプットの種」です。あなたが企画書として書いたもの、それ自体が形としてのアウトプットでしょう。

ですから整理をすると、「アウトプットの種」がない限り、アウトプットとしての企画書を書くことはむずかしいということです。「アウトプットの種」は、自分がこれまで取り込んできた「インプット」に自分なりの解釈を加えたり、ヒラメキが生じて、インプット同士を結びつけたり、突然変異させてできたものです。つまり、「インプットなくしてアウトプット（企画）なし」なのです。

そうすると、「**（1）良質なインプットをどんどん収集すること**」が必要になってきます。

しかし、人間はすぐ忘れてしまうため、「**（2）収集したインプットを整理して保存しておくこと**」が必要になります。さらに、「**（3）保存したインプットをすぐ閲覧したり取り出せる状態にしておくこと**」も必要になります。この3つを、自分なりのシステムとしてつくり上げておくと、「**頭の中に企画が浮かびやすくなる**」と言っていいでしょう。

そのようなシステムを持っている人を、私は「**企画体質**」と呼んでいます。「企画体質」の人は、企画書の作成がスムーズにできるし、企画自体もおもしろいものをつくることができるようになります。

では、インプットを保存する仕組みはどうしたらつくれるのでしょうか？

▼▼アナログな保存方法

これは、一般に慣れ親しまれたやり方です。大きめのメモ帳かノートを持ち歩き、何か

興味深い事象に出会ったり、人から聞いたおもしろい情報をメモ帳かノートに書き込んでいくやり方です。しかし、そのつどノートを取り出して記入するのはたいへんですから、付箋紙にメモして貼り付けていきます。要は、「インプットのメモは1ヶ所にまとめること」です。そうしないと、あとから閲覧するのが面倒です。この場合、ノートをつくるのが目的ではなく、何度でも閲覧することが大切なのです。

▼▼デジタルを活用した仕組みのつくり方

このようなアナログなやり方もいいのですが、問題は「検索性が低い」ことです。あとから活用することを考えると、やはりデジタルで管理するのが便利です。私はここ数年、GmailというGoogleのメールシステムにアドレスを設けています。それを、自分の「企画の種」専用メールアドレスとして、毎日思いついたことや感じたことなどを、携帯電話からこのアドレスにメールしています。写真を撮ったときもそのまま送っています。また、「この資料を参考にして企画を考えてほしい」などと渡された資料も、PDFなどに加工して添付し、このアドレスに送っています。こうしてGmailで管理すると検索しやすく、一覧にしやすいため便利です。

また、デジタルメモとして、メモすることに特化したEvernoteというソフトも人気を集めています。とくにiPhoneなどのスマートフォンでメモを書いたり、写真

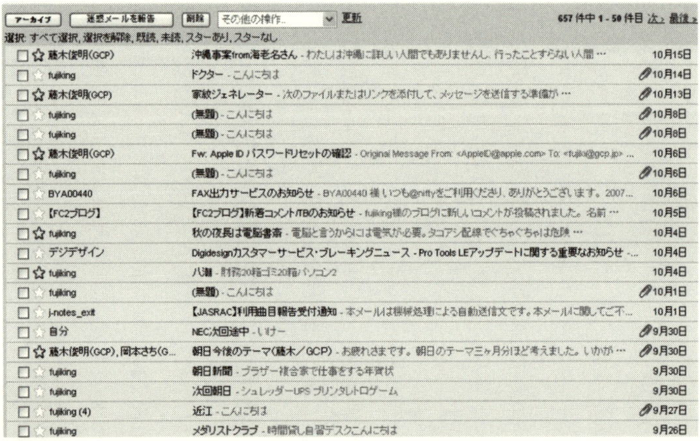

図36 Gmailなどでインプットのストックヤードをつくる

に撮ったものを、保存・管理しておくのに便利です。このEvernoteは、画像の文字を認識してくれる機能でも有名で、メモをスキャンして、その画像を保存しておくといった、アナログなメモとデジタルの折衷案のような使い方も可能です。

アナログ・デジタルの両方を説明しましたが、アナログな方法でもデジタルな方法でもかまいません。インプットを保存して、いつでもどこでもすぐに取り出せる仕組みをつくっておくと、企画の種を考えるときにたいへん便利であると覚えておいてください。

③ 企画を産み出すために必要なシステム

▼▼「企画の種」になりそうなインプットの集め方

「良質なインプットをどんどん収集すること」が、企画書をつくるため、その企画を思いつくために大切だと述べました。ところが、「どうしたら、そんなインプットを収集する場面に出会えるのですか?」、また「そうして出会ったインプットを、どうやって企画に育てるのですか?」という質問を受けることがあります。

私は、企画を考えるのが営みのようなものなので、そういう質問に逆にとまどってしまうのですが、考えてみれば、会社でルーチンワークに従事している方にとっては不思議なことかもしれないと思い、整理して公開させていただきます。

a・「企画の種」になりそうなインプットに出会いやすくする
b・インプットを「企画の種」から「企画」に育てる

「企画の種」になりそうなインプットと出会う、それは定義すると「ある状況に出会う」ということでしょう。「ある状況」とは、何か興味深い事柄が、自分の目の前で起きてい

ることを感じ取ることです。そして、「これはおもしろい状況だ」と感じたら、「心のシャッター」を切ることです。抽象的ですが、「心のシャッター」を切るという表現が、体験的に一番近いと感じます。「心のシャッター」を切ったらすぐに、アナログな手法でも、デジタル機器を使っても、自分のインプットとして取り込むことです。この一連の流れを習慣づけておくといいでしょう。

この一連の流れが習慣になると、自分で「おもしろい状況」に出会いたいという気持ちが生まれます。そうした感性が働くようになり、好奇心が強くなってくると、不思議と「ある状況」に出会いやすくなり、「心のシャッター」を切る機会が増えてきます。結果として、「企画の種」になりそうなインプットを多く収集することができるようになります。

「おもしろい状況に出会いたい」と思うと、日常とは違う行動をとるようになります。

たとえば、早起きして通勤電車を途中下車し、見知らぬ町を散歩してから会社に出かける、博物館や美術館など、それまであまり行かなかったような芸術性の高い場所に出かける、感性の高い人たちのネットワークに参加する、そういったことがすべて相乗効果となり、「心のシャッター」を切る機会が増えていくのです。

▼インプットを「企画の種」から「企画」に育てる

そうして収集したインプットの中には、「企画の種」がたくさん混じっているはずです。

そうしたものを「企画」として芽吹かせ、企画書に反映させていくためには、それらを育てなくてはなりません。まさに「企画」「醸成（発酵させて酒などをつくること）させる」という言葉がありますが、まさに「企画の種」を醸成させる作業が必要です。

そのために有効なツールとして、「オズボーンのチェックリスト」をご紹介します。これはアレックス・F・オズボーン氏が発明したものです。シンプルですが、十分に実用的なツールです。何か「企画の種」を思いついたら、このリストを眺めて、いろいろ変化させてみると、まったく違ったアイデアが浮かんでくることもあります。

また、このチェックリストを発明したオズボーン氏がはじめたブレーンストーミング（ブレスト）も、発想を広げるときによく使う手法で、体験した人も多いと思います。しかし、いろいろなブレストの場に参加するのですが、まったくブレストになっていないことが少なくありません。誰も意見を述べなかったり、相手の意見を頭ごなしに押さえつけたりする場面をよく見かけるからです。

ブレストの4原則（以下参照）というものがあります。これを守って、自由に意見を出し合い、「企画の種」を「企画」に育てましょう。

（1）批判は厳禁

相手の意見を批判することを禁じて、自由に意見を出させるようにすること。

(2) 自由奔放・暴論歓迎
奔放なアイデア、乱暴なアイデアも排除しないで取り入れること。
(3) 質より量
アイデアは多いほどよしとすること。
(4) 相乗りや加工歓迎
他の人の意見を加工したり、組み合わせたり、相乗りすることも歓迎すること。

7章 企画書をつくる前に何を準備するか

9	8	7	6	5	4	3	2	1
結合してみたらどうか	逆転してみたらどうか	置換してみたらどうか	代用してみたらどうか	縮小してみたらどうか	拡大してみたらどうか	変更してみたらどうか	応用してみたらどうか	転用してみたらどうか
目的を結合したらどうか？ アイデアを結合したらどうか？	逆にしてみたらどうか？ 役割を逆にしたらどうか？	入れ替えてみたらどうか？ 順序を変えたらどうか？	他のもので代用できないか？ 人を変えてみたらどうか？	小さくしてみたらどうか？ 分割してみたらどうか？	大きくしてみたらどうか？ 回数を増やしたらどうか？	形式を変えてみたらどうか？ 別の意味にしたらどうか？	真似してみたらどうか？ 別のものができないか？	このままで他に使い道はないか？ 一部を変えたり、改善してみたらどうか？

図37 企画を育てる「オズボーンのチェックリスト」

8章

10分で決めるための企画書のメソッド

1 10分で決める戦略

▼▼ なぜ、「10分で決める」ことを目指すのか

ここまでは、「企画書をつくる」ということに主眼を置いてきました。ここからは、「どうしたらさらによくなるか」、「10分で決められるか」ということに話の中心を移していきたいと思います。

まず、どうして「10分で決める」というテーマなのか？　それを最初に確認しましょう。

この本を読んでいらっしゃる方の多くはビジネスパーソン、またはご自分で商売をしていたり、これからはじめるために、「誰かに提案すること」、「誰かに企画書を提出すること」を考えていることと思います。そうすると、ほとんどの人が直面するのが、「**企画書を説明する時間をとってもらうのはむずかしい**」ということです。

そうしたなかで、「企画を提案したいので、2時間だけ時間をとっていただけませんか？」とお願いをしても、なかなか首を縦に振ってもらうことはできないでしょう。「10分だけ時間をとっていただけませんか？」とお願いするのがせいいっぱいです。その10分の間に

理解してもらえるような企画書でないと、実戦的ではないのです。繰り返しになりますが、分厚い企画書を出しても「後で読んでおくよ」と言われるのが関の山です。

先方（クライアントなど）からお願いされてプレゼンを行うとき、だいたい1時間とっていただけることが多いと思います。しかし、1時間まるまる使えるということはありません。質疑応答なども入れて、いいところ30〜40分ではないでしょうか。その中の10分間を、企画書の説明にあてるのがせいぜいでしょう。ですから、「**はじめから10分間で決めるつもりで企画書を作成する**」といった姿勢が必要不可欠なのです。

▼▼「10分で決める企画書」とは、どんな企画書か？

そうすると、「10分で決める企画書」には次のような要件が必要になります。

短い時間で企画書を説明しなくてはならないのですから、ポイントはまず「シンプル」であるということです。これについては、ここまでみなさんに「シンプル企画書」のつくり方についての説明をお読みいただきましたから、ある程度理解されていることと思います。

問題は次の2つです。

(1) 直感的に相手に納得してもらえる企画書

よく、「相手を説得するための企画書」という言い方をする人がいます。決裁を下ろし

てもらう、つまり、予算を出してもらうのに、「説得」ではむずかしいと思います。「納得」してもらわないと、お金は出ないでしょう。「納得」というのは、理屈でもわかったし、気持ち的にも同意できるという状態です。相手をそんな状態にさせるにはどうすればいいか、ということです。数字などのデータだけで説明するのではなく、直感的に「いいな」と思っていただかなくてはなりません。これについても、これからご説明します。

（2）相手に嫌がられるポイントが少ない企画書

（1）と裏表ですが、逆に相手に「うわっ、これは嫌だ」とか「直感的にこういうのは好きではない」という状況になると、どんなすばらしいことが述べてあってもダメです。直感的に好かれると同時に、「ダメなポイント」「嫌なポイント」を極力排除しなくてはなりません。もちろん、人の顔色をうかがえ、と言っているわけではありません。社会人として、ビジネスパーソンとして、ある程度のリテラシーを持っている人が見て、「ダメだな」というポイントは厳然としてあるのです。そんなダメな部分は排除したほうがいいに決まっています。

これは私の持論ですが、「企画書を見ればビジネススキルがわかる」ということです。入社試験に取り入れればいいと思うほどです。

それでは、どうやって「嫌がられるポイント」、「ダメな要素」を排除していくのか。それも、これから説明しましょう。

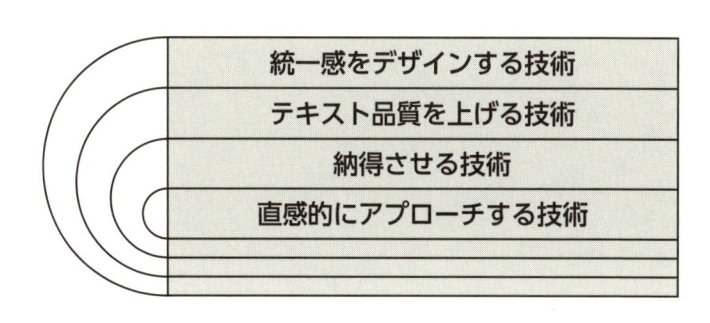

図38 10分で決める企画書に必要な技術

（1）直感的に相手に納得してもらえる企画書
（2）相手に嫌がられるポイントが少ない企画書

これらの要件を満たす企画書が必要となりますが、そのためには、次の4つのスキルをグレードアップすべきです。

① **統一感をデザインする技術**
　嫌がられるポイントをなくし、直感的に好かれる企画書にしましょう。

② **テキスト品質を上げる技術**
　テキスト品質が悪いのも、嫌がられるポイントです。テキスト品質を上げて、直感的に好かれる企画書にしましょう（※「テキスト品質」は筆者の造語）。

③ **納得させる技術**
　説得するのでなく、相手を「得心」させる工夫が施された企画書にしましょう。

④ **直感的にアプローチする技術**
　理屈でなく、直感的に理解してもらえたら、「10分で

決める」確率は高くなります。
この4つの技術のポイントについて、次項で説明しましょう。

② 統一感をデザインする技術

▼▼ 見た目の統一感が勝負

まず、「見た目の統一感」が肝です。統一感のない企画書は、はっきり言って「嫌がられる可能性」が大です。10分で決めるためには、そこでつまずいていたのでは話になりません。とくに、「デザイン」と「テキスト（文字）」のイメージと統一感が勝負です。

この2つのうち、テキストについては説明することが多いので、ここでは、テキストの中でも「フォント」について述べさせていただき、「文章」については次項で説明します。

まずは、デザインについてです。注意するポイントは次の通りです。

- カラーリング（色の使い方）
- フォントの種類とサイズ
- 「図解品質」

では、それぞれについて述べていきましょう。

▼▼ カラーリング（色の使い方）〜色は3色まで

現在はパソコン、そしてカラープリンターが普通にオフィスで使われるようになったことにより、企画書をカラーで作成することもごく当たり前になってきています。しかし、「統一感のない、センスのない色使い」の企画書を多く見かけることも事実です。

たくさんの色を使うことは、統一感を考えるとまったく逆効果です。統一感を出すためには、カラーリングは抑えめにします。使っても、「3色」までにするのがよいでしょう。

本来カラーリングは、デザイナーのように配色をきちんと勉強した人でないと、センスよく行うことができないものです。しかし3色までなら、素人でも何とか処理できるでしょう。たとえば、文字は黒と青を使って、ポイントは赤を使う。これぐらいがいいでしょう。赤は使いすぎるとうるさい印象を与えます。

「青だけでは味気なくないですか？」と心配する人がいますが、そんなことはありません。青色系を使い分ければいいのです。薄いブルー、濃紺などを使い分ければ、センスのいい企画書のカラーリングが可能です。文字も黒ベースにしておいて、状況によっては薄いグレーにしたり、白抜き文字などで表現してもいいでしょう。

青をおすすめするのは、一番失敗しにくい色だからです。「カラーリングは3色まで」「使うなら青色ベース」とおぼえておけば、大きな失敗はないでしょう。

媒体/要素		フォント	サイズ
紙	見出し	ゴシック系・明朝系 場合に応じて	18〜24pt
	本文	ゴシック系・明朝系 場合に応じて	10〜16pt
	注記	ゴシック系・明朝系 場合に応じて	8〜9pt
プロジェクター	見出し	ゴシック系	36〜44pt
	本文	ゴシック系	28〜32pt
	注記	ゴシック系	18〜20pt
プロジェクターでプレゼンと紙配布	見出し	ゴシック系	24〜28pt
	本文	ゴシック系	16〜20pt
	注記	ゴシック系	12〜14pt

図39 フォント設定の例

▼▼ フォントの種類とサイズ

企画書を見て「統一感」を感じるのは、テキストでもそうです。テキストも、文章の内容以前に文字という図形として、見た目に影響を与えています。

まず、文字のサイズがバラバラなのはいただけません。きちんと意味を持たせて、サイズを区別するべきです。

また、フォントにも気を配るべきです。書体は、大きくはゴシックと明朝に分かれます。Windowsでは、VISTA以降「メイリオ」が標準のフォントになったようですが、印刷すると、たしかに見やすいゴシック文字だと思います。たとえば、「見出し＝ゴシック系フォント 14pt 太字」「小見出し＝ゴシック系フォント 12pt 標準」「本文

▼▼「図解品質」を考える

「図解品質」と言っても、色鮮やかな図解をつくるということではありません。図解というのは「図形」と「文字」の組み合わせでできるものです。図形の使われ方が思いつきでバラバラだと、統一感のない図解になってしまいます。

きちんとルールを決めて、それにしたがった図形の使い方がされているかどうかで、企画書の統一感は大きく変わります。たとえば、「長方形＝製品名・サービス名」「角の丸い長方形＝メッセージ、ポイントの説明」「楕円形＝ユーザーなどの『群』を示すもの」「矢印＝手順」「罫線＝関係性」「箱矢印＝経過、段階」などと、図形に意味を持たせて図解を作成します。ルールを決めて、それにしたがって図形を用いれば統一感が出てきます。それが「図解品質」を高めるということです。

ちなみに、1枚企画書を作成するときに便利なのが「箱矢印」という図形です。ラフスケジュールや、ステップごとになすべき課題など、便利に使えます。もし、時間の経過を表したいときは、左から右に向けるのが基本です。

＝ゴシック系フォント　10ｐｔ標準」「注記＝ゴシック系フォント　9ｐｔ」などと決めて、そのルールにしたがって企画書を作成すれば統一感が出るでしょう。フォントに丸文字のような変わったものを使うのは、ビジネス文書としては避けたほうがいいでしょう。

③ テキスト品質を上げる技術（1）ルール決めと要約トレーニング

▼ 表記ルールを決めてテキスト品質を高めよう

「見た目の統一感のなさ」を感じるのはデザイン、そしてテキストであることは述べましたが、もうひとつ気になるのが、文章としての「テキスト品質」です。それには、大きく分けて2つの要素があります。「表記ルールの統一」と「文章に冗長さがない（逆に言えば、コンパクトであり明瞭である）」ということです。文章のうまいへたはまた別の問題として、「テキスト品質」をきっちりすることが、読み手に統一感を感じさせるのです。

「テキスト品質」の重要な部分は「表記ルール」です。書き出す前に「自分なりのルール」、あるいは「職場なりのルール」、または「提案先に応じたルール」をつくっておくことが大事です。文字の表記ルールについては、社内で決めておき、それに準拠するように企画書を作成すれば、毎回ルールを決める必要もないでしょう。

文章力は一朝一夕で向上するものではありませんが、「テキスト品質」を上げることは可能です。「テキスト品質」がよい企画書は、読みやすいものになります。それは「統一感」

がとれていて、バランスよくテキストが書かれているということです。それでは次に、「テキスト品質」を高めるために、表記ルールを決めるポイントを述べておきましょう。

（1）文字種類を決める

・英数字を、全角・半角どちらに統一するかを決めておく
・日時や時刻の表記をどうするかを決めておく
・用語や製品名をどうするかを決めておく（コンピュータorコンピューターなど）
・漢字の送り仮名、「開き」具合をどうするか決めておく（お問い合わせorお問合せ）

（2）表現方法を決める

・「ですます調」、「である調」のどちらにするか、あるいはバランスをどうするかを考えておく

企画書全体では簡潔な表現、体言止めなどを用いて、ポイントで提案先に対して呼びかけるときには「ですます調」を使うなど、バランスを考えるといいでしょう。

▼▼ 要約トレーニングでテキスト品質を高めよう

「文章力を伸ばす」というと、急にハードルが高くなったような気がするでしょう。しかし、企画書の作成をはじめ文章力を伸ばすのは、一朝一夕でできることではありません。

め、ビジネス分野で求められることは美文や見事な詩文ではなく、「相手にわかりやすいコンパクトな文章」です。

そうすると、冗長な表現ではなく、自分の言いたいことをコンパクトにまとめる、いわば**要約力**」が必要になります。要約力がつくと、「テキスト品質」が上がります。それでは、どうやって要約力を高めたらいいのでしょうか。

これはもう、習慣づけてトレーニングするしか上達の道はありません。しかも、漫然とトレーニングするのではなく、その結果が自分にも役立つような方法はないでしょうか。

私は、「ブログを書くこと」をおすすめします。たとえば、その日の新聞のニュースなどを50文字とか100文字など、制限をつけて要約する訓練をして、その結果をブログで発表するのです。タイトルは、たとえば「ヤマダタロウの50字ニュース」でもいいでしょう。

こうしてアウトプットすることにより、自然にインプットを得る習慣がつくし、アクセスの少ない個人ブログといえども、人に見られることで文章力が磨かれていきます。

また、今回は「5つのつぶやき」で企画書を作成するというテーマを設けたほどですから、ツイッターで漫然とつぶやくのではなく、毎日のニュースのまとめに自分のコメントをつけて、定期的につぶやいてみてはどうでしょうか。こうした、「知らない人に自分の書いたものを見せる」という行為は、文章力を磨く有効な手段です。

> ●●区新神田エリアは、のべ50ヘクタールにもおよぶ再開発によって、高層マンションを擁する近代的なエリアに生まれ変わった

⬇

> ●●区新神田エリアは、のべ50ヘクタール(東京ドーム約11個分)にもおよぶ再開発によって、高層マンションを擁する近代的なエリアに生まれ変わった

図40

▼▼ わかりやすい表現方法で伝えよう

たとえば、「50ヘクタールの広さ」という場所の広さを表現するとします。そう言われても、どれだけの広さなのか、企画書の提案先にはピンとこないことがあります。そういったときには、「東京ドーム○個分」といった表現に替えることで、聞き手が理解しやすくなります。

今は、Webサイトという便利なものがあります。Googleで50ヘクタールと入力して検索すると、自動的に「500000平方メートル」と計算してくれます。

さらに、「OCTくんと学ぼう」(http://oct-kun.net/index.html)というサイトがあります。このサイトでは「500000平方メートル」と入力すると、「東京ドーム10・7個分」と自動計算し表示してくれます。

これはほんの一例ですが、自分たちのいつもの表現の仕方を見直して、相手の立場に立ったわかりやすい表現で伝えるようにしたいものです。

4 テキスト品質を上げる技術(2) テキスト作成力を伸ばす

▼▼ テキスト作成力をサポートしてくれるツールを活用しよう

「テキスト品質」をアップすることを述べていますが、一番の基本は「誤字・脱字がない、少ない」ということでしょう。ただ、誤字・脱字を防ぐために、ゆっくりゆっくり文章をつくるということも現実的ではありません。パソコンで企画書を作成する人がほとんどですから、要は、正確なタイピングができるようにトレーニングすればいいのでしょうが、そんなトレーニングをする時間があったら……というのが、みなさんの正直な感想だと思います。

「正確に、しかもすばやく自分が考えたことをテキストにしていく」というスキルを、私は「**テキスト作成力**」と定義しています。それを伸ばすためには、努力よりもむしろ便利なツールを活用することをおすすめします。それは「**日本語入力システム**」であり、それが持つ機能「**単語短縮登録**」です。

「日本語入力システム」というと、Windowsパソコンであれば、大多数の人が「マ

「マイクロソフトOffice IME」という文字入力を使っていると思います。しかし私は、日本語の文字を変換する効率においては「ATOK」という日本語入力システムのほうが、はるかに効率がいいと感じています。多少費用はかかりますが、日本語の文字入力システムをATOKに替えるだけで、かなり「テキスト作成力」は強化されると思います。

また今、注目されている「Google日本語入力」は、無料でなかなか変換効率がいいようです。しかしGoogle日本語入力は、「単語短縮登録」がしにくいのが大きなマイナスです。この「単語短縮登録」こそが、「テキスト作成力」を支える肝だからです。

▼「単語短縮登録」でテキスト作成力をアップさせよう

「マイクロソフトOffice IME」だろうと、「ATOK」だろうと、「単語短縮登録」という機能がついていますが、この機能を使いこなすのが、パソコンでの『テキスト作成力』をアップさせるポイントです。なぜなら、誤字・脱字を防ぐとともに、入力のスピードも上げられるからです。最も誤字・脱字がしやすく、しかも間違えたら致命傷となり、かつ入力しにくいのが「人名」「固有の商品名」です。たとえば、次のような事例を見てください。

「直江兼続」「テレビ会議ソリューションシステム」「CELL REBECCA 55X1001」「有限会社ガーデンシティ・プランニング」など、いちいち単語を入力

して変換していたら、どこかでミスを起こしそうですし、入力に手間ヒマがかかります。ですから、これらの単語は「短縮登録」してしまいます。私は「ひらがな頭2文字」を原則として登録しています。これには異論があって、2文字だと変換の際、変な単語として登場する可能性が高いため、3文字にして単語登録したほうがいいという意見があります。

しかし、筆者の記憶力では3文字覚えるのがたいへんなので、変換のときに多少の不便があっても次のように登録しています。

「直江兼続」→「なお」
「テレビ会議ソリューションシステム」→「てれ」
「CELL REBECCA 55X1001」→「せる」
「有限会社ガーデンシティ・プランニング」→「ゆう」

このように単語登録を活用すれば、誤字・脱字も減少するし、入力する時間が格段に早くなります。文字入力に時間をとられるのはムダです、そんな時間は削って、「考える時間」にあてたいものです。

▼▼ **文章に締まりを与える熟語も登録しておく**

企画書の文章をコンパクトにつくろうとすると、「体言止め」の文章を多用することに

なります。そこで、少し楽ができるように、よく使う熟語を単語登録しておいても便利です。

たとえば、私が企画書の「語尾」によく使っている熟語は次のようなものです。

- 展開
- 選定
- 提供
- 醸成
- 創出
- 確保
- 強化
- 抑制
- 検討
- 想定
- シナジー効果
- 発揮
- 企業価値上昇

たとえば、「新規事業として2012年より本格的に展開」「本事業により、3本目の収

益の柱を創出」などという文章に使われます。おそらく、読者のみなさんの会社にも、独特の用語や業界独自の単語などがたくさんあるのではないでしょうか。そういうものは単語登録しておき、入力しやすくしておくといいでしょう。

これらの「テキスト品質」を上げることは、遠回りのように見えても、「10分で決める」ことができるようになる技術でもあるのです。

5 納得させる技術

▼▼ 相手のタイプを考えよう

相手を納得させるということは、実は総合的に見て、たいへんむずかしい技術です。相手に「得心」してもらわなくてはならないのですが、人のタイプによって、どんなポイントで得心するのかが違うという問題があります。ですから、「相手のタイプを知り、それに合わせた企画書をつくる」ことができれば、かなり有望な企画書になるはずです。

その「相手のタイプを知る」ということについては、「ハーマンモデル」という、相手を大きく4つのタイプに分類する考え方に私は注目しています。私がもともと考えていた「人のタイプ分類」に近かったため、「ハーマンモデル」のファシリテーターである今津美樹氏と『読むだけでプレゼンがうまくなる本』(インプレスジャパン／2008年) という書籍を共著させていただきました。「ハーマンモデル」の詳細については、そちらの書籍を参考にしていただきたいと思いますが、同書にしたがってビジネスパーソンを大きく分けると、次の4タイプに分かれます。

（注：本来の「ハーマンモデル」はこんなシンプルなものではありませんが、あくまでも「人のタイプ」を把握するためのツールとして私自身が抜粋し、参考までに紹介させていただきます）

	特　徴	イメージ
Aタイプ	論理的・分析的	技術職、管理職
Bタイプ	保守的・組織的	官僚、金融機関
Cタイプ	感情的・友好的	企画、営業
Dタイプ	概念的・冒険的	オーナー、リーダー

それでは、このような4つのタイプの相手に、どのような企画書が最適なのでしょうか？

	企画書タイプ
Aタイプ	データやグラフを重視し、論理的にまとめること
Bタイプ	分量があり、資料が充実していること
Cタイプ	感性に訴えること
Dタイプ	俯瞰できること

この中のAタイプについては、背景モジュール、とくにグラフなどデータを充実させて作成することを心がけるとよいでしょう。Bタイプについては、意外と分厚い書類が有効なようなので、企画書自体は「シンプル企画書」で1枚企画書にするとして、資料や仕様書など別紙で多くの書類を添付したほうがよさそうです。またCタイプについては、次項の「感性に訴えるサポートツール」の利用が効果的です。Dタイプについては、まさに1枚企画書がぴったりの相手でしょう。

この、「相手を何タイプに分類するのか？」の詳細については、前掲の書籍か、今津氏のコンテンツを参考にしてください。

●「利き脳」を活用して、スキルとコミュニケーション力をアップ！～ハーマンモデル～
(今津美樹氏のWisdom連載記事) http://www.blwisdom.com/herrm2/

私は、「この人は論理的でデータのことを細かく言ってくるなあ」という人はAタイプと考えて、グラフなどをきっちり作成した企画書を提出します。「この人は官僚っぽくて細かいなあ」という人はBタイプと判断して、分厚い資料を付けて出します。「この人はフレンドリーで、イメージ先行型だなあ」と思われる人はCタイプと分類して、ビジュアルなど「おもしろいもの」に凝って提出します。「この人はリーダーで『全体』をきっち

り見るが、細かいところは気にしない」という人は、Dタイプと決めて企画書をつくります。

私のそういう判断は大きく狂うことはありませんが、キーマンが複数いるときには、とくにタイプを決め打ちせず、万人向けの企画書に仕上げるように気をつけています。

▼▼ ひと手間加えよう

さて、10分で決めるために「相手を納得させる技術」ですが、次は「ひと手間加える」ということです。とくに使いたいのが表組みやグラフなどで、「データを説明する部分」にあたります。

多くの人は、Excelなどでつくった表組みやグラフを、そのままPowerPointのスライドに貼り付けたりしていますが、そこにひと手間ほしいのです。読み手が納得しやすいようにひと手間加えると、読み手が直感的に理解しやすくなり、納得してもらいやすくなります。

たとえば、図41のa、bのようなグラフをよく見かけます(吹き出しのない状態)。正直、何が言いたいのかが直感的に理解しづらいものです。そこでひと手間、吹き出しを加えて、読み手の理解を導いてあげます。cのようなグラフでも同じです。ここにひと手間、欄外のコメントを加えることで、読み手の理解を助けます。読み手は意外と「めんどうくさが

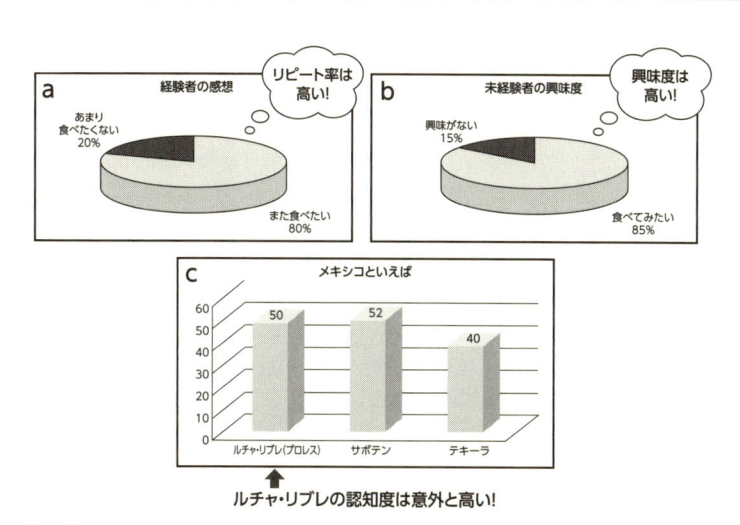

図41 「ひと手間」加える事例

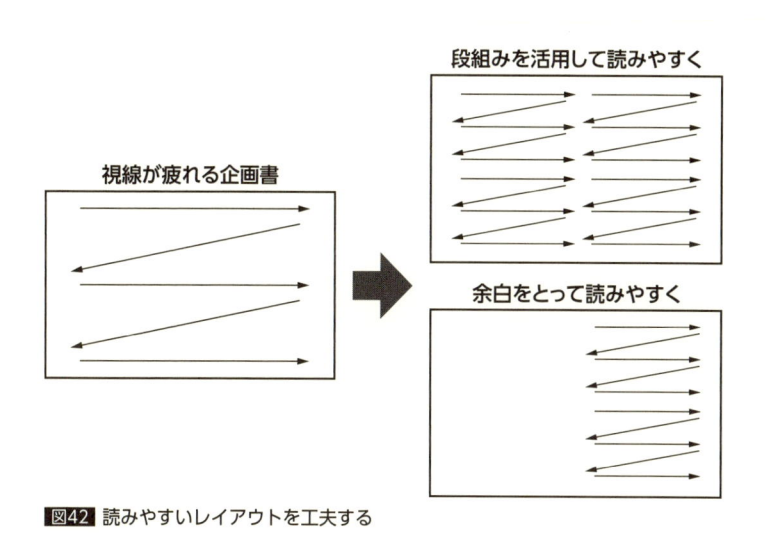

図42 読みやすいレイアウトを工夫する

り」なものです。ただ数字を並べただけでは、読んでくれません。必ず、「このデータはこういうことを意味します」と加えないと理解してくれません。

逆に言えば、自分の導きたい方向に持っていくこともできるのです。背景モジュールでデータを提示するときには、ぜひひと手間加えて工夫してみてください。

▼ 読み手の視線を考えよう

また、単純なことですが、読み手の視線をうまく導くように工夫しましょう。読み手の視線は「左上」からはじまり、「右下」で終わるようになります。無意識に動く読み手の視線に沿って、モジュールが配置されているでしょうか。基本的に**「視線はZ（ゼット）」**と考えて企画書をレイアウトしましょう（図42）。

⑥ 直感的にアプローチする技術

▼▼ 静止画ムービーをサポートツールに使おう

さて、1枚企画書自体が直感的にアプローチできる企画書スタイルだと思いますが、さらに、サポートツールを加えたほうが効果的な場合があります。その中でも、私が効果的だと思うのが「静止画ムービー」です。実は、企画書という「紙」ではなく、人に提案するときに効果的なものが「映画」です。動画作成などが得意な人は、企画書に合わせて、ショートムービーなどを使えば、企画書の提出先にアプローチするのに効果的です。

しかし、そのためだけに動画作成を行ったり、機材を揃えるのは時間とコストの損失です。一番簡単に、しかも安価に「映画のような表現」ができるツールは「静止画ムービー」です。「静止画ムービー」とは、デジタルカメラで撮った画像データに、映画のような効果をもたせるために音楽をつけて、さらに字幕やタイトルもつけて、静止画をあたかも動画のように見せるソフトウェアです。現在は、さまざまなソフトが販売され、無償で提供されていますが、私がおすすめするのは次の2つです。両方とも残念ながら有料ですが、

その価値はあると思われます。

- **MOVIE THEATER3（エプソン）**
- **LIFE*with Photo Cinema3（デジタルステージ）**

両方とも、使える音楽が多数収録されていること、また文字入力がしやすいことで、実際にプレゼンテーションに使っています。私の感覚では、Windows環境で使いやすいのはMOVIE THEATER3、デザイン性が高く、音楽のクオリティ感が高いのはLIFE*with Photo Cinema3だと思います。

さて、この「静止画ムービー」ですが、1枚企画書の説明に入る前に上映します。なぜなら、提案するときは「情緒」→「論理」という順番のほうが効果が高いからです。まず、「静止画ムービー」で情緒的に相手にアプローチし、それから、1枚企画書で論理的に説明するのがベストな組み合わせです。

▼▼ビジュアルをサポートツールに活用しよう

「静止画ムービー」ももちろんなんですが、「写真」も1枚企画書をサポートする強力なツールです。デジタルではなく、普通の写真としてプリントしてきたものを、1枚企画書で説明するときに見せるのも効果的です。さらに言えば、画材屋などで売っている「ハレパネ」とか「ブラックボード」に写真を貼り付けていくといいでしょう。

また写真でなくても、商品のサンプル、あるいは模型、イラストやパースなど「生もの」のビジュアルは、1枚企画書と組み合わせると効果的です。

▼ 表組み・グラフ・図解などにもひと手間加えよう

この他、直感的に相手の好意を獲得するために、見た目を華やかにする方法としては、表組みやグラフなどの見た目を鮮かにすることが考えられます。

・**立体的にしたい表組み、グラフ、その他の図解を「立体的」に加工**

PowerPoint2007などでは、立体的に加工したい表組みや図形を選択して、「図形の効果」というメニューで、ひと手間で立体化できます。

・**表組み、グラフなど、一部を彩色**

カラーリングのところで述べたように、あまりいろいろな色を使用しないほうがいいですが、たとえば、棒グラフの強調したい一部だけを目立つ色でマーキングしたり、あるいは表組みのひと枠だけを目立つ色でマーキングすることは、試してみてもいいでしょう。

・**複雑な図解をつくる**

パソコン、たとえばPowerPointで凝った図解をつくりたいと思ったとき、一からはじめるのではなく、『SmartArtグラフィック』という機能を使うと、複雑な図解が簡単にできます。これは、PowerPoint2007以上のバージョンでないと

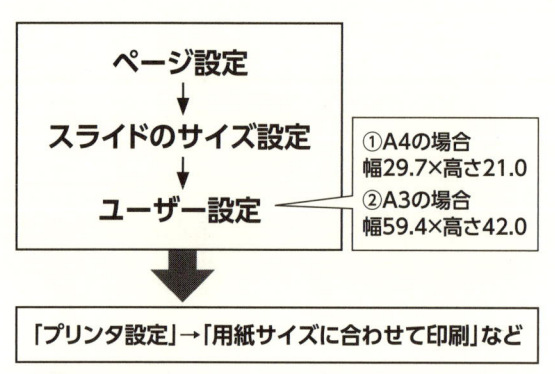

```
┌─────────────────────────┐
│      ページ設定         │
│        ↓                │   ①A4の場合
│  スライドのサイズ設定   │   幅29.7×高さ21.0
│        ↓                │
│     ユーザー設定        │   ②A3の場合
│                         │   幅59.4×高さ42.0
└─────────────────────────┘
            ↓
┌─────────────────────────────────────────┐
│「プリンタ設定」→「用紙サイズに合わせて印刷」など│
└─────────────────────────────────────────┘
```

※ご使用のOSやハードウェア、ドライバなどにより若干変わりますが、だいたいこんな感じ

図43 1枚企画書を見栄えよく印刷しよう

ついていませんが、必要な部分にワンクリックで図解をつくる機能です。なるべくこういった機能を使いこなし、図解作成に費やす時間を減らしたいものです。

▼ 1枚企画書を見栄えよく印刷しよう

1枚企画書をパソコンで作成し、印刷した場合、余白が多いと、何となく締まらない企画書に見える場合があります。WordやExcelなら、「ページレイアウト」メニューの「余白」を狭く設定すればいいのですが、PowerPointの場合、余白が必要以上に広くなってしまう場合があります。

そうしたときには、「ページ設定」→「スライドのサイズ設定」→「ユーザー設定」。

A4の場合　幅29・7×高さ21・0

A3サイズの場合　幅59・4×高さ42・0

「プリンター設定」→「用紙サイズに合わせて印刷」に設定するか、「ふちなし印刷」に設定します。

このような設定でプリントすると、余白の少ないパリッとした企画書になります。

(※ご使用のOSやハードウェア、ドライバなどにより若干変わります)

9章
「10分で決める企画書」のプロダクト・システムをもとう

① 循環する企画書作成のシステム

▼▼ 数多くの企画書を作成して、たくさん提案することが大事

ここまで述べてきた「シンプル企画書」は、数多く作成して、たくさん提案することを前提にしています。そのためには、案件が発生するたびに大慌てで資料をかき集め、毎日徹夜して企画書を作成するといったスタイルでは対応できなくなっています。

今を生きるビジネスパーソンは複数の案件を抱えて、日々時間に追われているからです。

また、会社の収益に貢献することが厳しく求められます。時間のない中、取引先を開拓し、どんどん新しい企画を立てて提案していかなくてはなりません。

つまり、「循環する企画書作成システム」をもっていないと、たいへんばかりで、クオリティの高い企画書はできないでしょう。また場合によっては、同僚と協働したり、上司にすばやく修正してもらわなくてはなりません。それらを、クラウドサービスを使ってプロダクト・システムを組み上げることを提案します。

・インプットをふだんからEvernoteやGmailなどで、ストックをしておく。

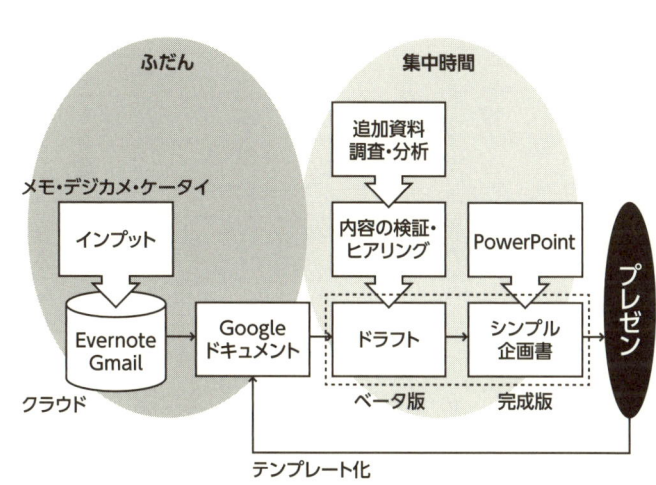

9章 「10分で決める企画書」のプロダクト・システムをもとう

図44 プロダクト・システムの一例

- 案件が発生したら、Googleドキュメントで「企画の種」を作成する。
- 「企画の種」を広げたり加工する。
- さらに、データや資料を集めて、「企画の種」が企画として成立するかどうかを調べる。
- 別途写真などのビジュアルデータも集めたり、撮影しに行ったりする。そのデータはクラウドサービスで管理する。
- Googleドキュメントで「ドラフト」と呼ばれる、企画書一歩手前の資料をつくる(協働)。
- Googleドキュメントを同僚や上司と共有し、手直しを入れてもらったり、修正を入れてもらう。
- GoogleドキュメントからPowerPointに書き出して、「シンプル企画書」として手直しを入れて完成させる。

- **提案した企画書は、Googleドキュメントとして保存し、同僚や上司と共有する。**

こうして、循環するシステムとして企画書のプロダクト・システムを保有しておけば、プレゼンのたびに大騒ぎすることはなくなります。

▼▼ 会社のデスク以外で企画書をつくってみよう

さて、ここまで読まれた方に問いかけたいのですが、会社で企画書をつくれますか？

私は会社勤め時代、会社で企画書を書くのが苦手でした。苦手というより、集中できないのです。その頃は、電話が仕事の中心ツールだったため、まわりでガンガン電話は鳴るし、集中モードに入った瞬間に自分宛の電話がかかってきたりします。あるいは同僚から声をかけられたり、上司に呼ばれたりします。

もちろん、そんな中にも必要なコミュニケーションはあるし、大事な用事で呼ばれることもあるので、全部が悪いというわけではありません。しかし、そんな状態ではいっこうに企画書を書くことができなかったので、外に出て、喫茶店で企画をまとめたものです。おそらく現在でも、会社内で集中して企画書を書くことができない人がいるのではないでしょうか？

しかし、現在はモバイルという強い味方があるし、企画書をつくるということ自体が生産的なことだと広く認識されています。ひどい話ですが、私の会社員時代は営業担当だったこともあり、企画書を書くという行為はムダなことのように思われていたような雰囲気

がありました。「会社のカタログがあるじゃないか」と言われましたが、会社のカタログやセールスシートでは、お客様の多様な要望に応えられないのです。

現在、私が企画書を作成するのに最も便利な場所はカフェです。しかも、おしゃれなカフェでなく、「喫茶室ルノアール」です。ルノアールには電源もあり、長居もさせてくれるし、ソファもゆったりしています。

私にとっては、外出先で企画書を書くのに、一番はかどるのはルノアールと言っても過言ではありません。スターバックスやタリーズなどのシアトル系のカフェもいいのですが、何となく狭いし、電源を供給してくれないことが多いのです。

▼▼ 早朝、企画書を書こう

もちろん、勤務時間内にそうやって外のカフェで仕事ができる人ばかりではありません。また、どうしても夜は付き合いが入ってしまいがちだし、育児や介護など自分の時間がとりにくい場合もあるでしょう。

となると、早朝、会社や会社近くのカフェなどで企画書を書くというスタイルが考えられます。会社に早出して企画書をつくるのなら、コストもかからないし、いつものパソコン、いつものプリンターなど設備も揃っています。そして、何より頭がクリアです。早朝に「10分で決める企画書」を書いて、すばやく提案したいものです。

藤木俊明（ふじき としあき）

石川県金沢市生まれ。早稲田大学教育学部教育学科卒業。
リクルート、ぴあなどを経て、1991年有限会社ガーデンシティ・プランニングを設立。コンテンツ企画・制作を生業とするが、その提案に使う企画書の作成方法が実践的だと評価され、2000年頃からセミナー、企業研修講師などを務める。2003年『明日のプレゼンに使える企画書 提案書のつくりかた』（日本実業出版社）を出版以来、著書多数。
著書については、企画書、プレゼン、企画の立て方から働き方にまでわたるが、そのすべては「仕事を楽しくすることが人生を楽しくすること」というポリシーに貫かれている。

▶**Garden-City Planning**
　http://www.gcp.jp/
▶**ツイッター**
　fujiki_toshiaki
▶**Facebook**
　Fujiki Toshiaki
▶**ブログ「企画書は早朝書こう日記」**
　http://blog.blwisdom.com/fujiki/

10分で決める！
シンプル企画書の書き方・つくり方

平成23年3月25日　初版発行

著　者　藤木俊明
発行者　中島治久
発行所　同文舘出版株式会社
　　　　東京都千代田区神田神保町1-41　〒101-0051
　　　　営業　(03)3294-1801　編集　(03)3294-1802
　　　　振替　00100-8-42935　http://www.dobunkan.co.jp

©T.Fujiki　ISBN978-4-495-59261-5
印刷／製本：萩原印刷　Printed in Japan 2011